SI ROME N'AVAIT PAS CHUTÉ

ISBN : 979-1-0404-0386-9
Dépôt légal – 1re édition : 2023, mai

170 bis, boulevard du Montparnasse, 75680 Paris cedex 14

RAPHAËL DOAN

SI ROME N'AVAIT PAS CHUTÉ

PASSÉS/COMPOSÉS

PRÉFACE

Dans les pages qui suivent, vous découvrirez un monde qui ne ressemble à aucun autre. Un monde où l'Empire romain est devenu technologiquement avancé et a conquis une grande partie du monde.

Ce livre, généré avec l'aide de l'intelligence artificielle, présente une fascinante uchronie, ou histoire alternative, de cet Empire romain fictif. Grâce à une combinaison d'images étonnantes et de textes captivants, il explore ce qu'aurait pu être la vie dans ce monde alternatif.

L'IA, telle qu'elle est aujourd'hui, est un outil particulièrement puissant pour inventer des uchronies et les développer jusqu'au moindre détail, car elle est capable d'halluciner des choses qui ne se sont jamais produites tout en s'inspirant de données réelles. Cela lui permet de générer des histoires uniques et fascinantes qui sont ancrées dans la réalité, mais qui explorent aussi des possibilités nouvelles et imaginaires. L'une de ses grandes forces, dans un tel projet, est sa capacité à générer des images immersives et réalistes. Grâce à des techniques avancées de synthèse d'images, nous avons des illustrations quasi photoréalistes de ces époques alternatives, permettant aux lecteurs de visualiser et de s'immerger dans ces histoires jamais vécues.

Dans ce livre, vous verrez comment les Romains auraient utilisé la technologie avancée pour construire des merveilles d'ingénierie, pour conquérir le monde et même l'espace. Vous découvrirez l'évolution possible de leurs systèmes politiques et de leur société, les changements dans leur mentalité et leur philosophie induits par les transformations techniques, l'impact des révolutions industrielles sur la religion ou les rapports entre les hommes et les femmes. Vous aurez également un aperçu de la vie quotidienne des habitants de ce monde imaginaire et qui, pourtant, aurait pu exister. À travers les yeux de divers personnages, vous verrez ce que c'était que de vivre dans un monde où l'Empire romain était à la pointe du progrès technologique. Vous pourrez y lire des témoignages imaginaires, des documents qui n'existent pas, des objets archéologiques inventés, mais qui donnent l'illusion du vrai.

En outre, ce livre explore les conséquences des avancées technologiques et des conquêtes de l'Empire romain. Quels en ont été les effets sur les cultures conquises par les Romains ? Comment les Romains eux-mêmes ont-ils changé du fait de leur nouvelle puissance ? En creux, c'est une réflexion sur le rôle que joue le progrès matériel et technique dans l'histoire humaine qui se dessine, ainsi qu'une méditation sur notre perception du temps. Aurait-on pu aller sur la Lune au ve siècle après J.-C. ?

Ce livre offre un regard fascinant et stimulant sur un monde qui n'a jamais existé. Nous espérons qu'il vous incitera à réfléchir aux nombreux chemins que l'histoire aurait pu emprunter et à vous demander ce qu'aurait pu être la vie dans un monde où les Romains étaient les maîtres de la technologie et de la conquête. Nous espérons aussi, et surtout, qu'il vous donnera une idée des possibilités que nous offre, à nous, aujourd'hui, la technologie du XXIe siècle pour la création et la réflexion.

PRÉFACE (*BIS*)

> Un robot écrivain a été inventé. Il invente des scénarios, et tout ce qu'on a à faire, c'est être son secrétaire et mélanger le contexte, le méchant, l'héroïne blonde, et l'heureux dénouement. Bon, l'histoire mécanique, ce n'est pas si nouveau…
>
> *Los Angeles Times*,
> 1er novembre 1932.

La précédente préface a été écrite par une intelligence artificielle. Dans celle-ci, c'est l'auteur en chair et en os qui reprend la plume.

Pourquoi écrire un livre avec l'intelligence artificielle ? Et pourquoi ce livre en particulier ?

C'est la première fois dans l'histoire, depuis l'invention de l'écriture, que nous pouvons lire du texte qui n'a pas été écrit par un être humain. Du moins, pas directement écrit. Cela fait plusieurs années qu'il existe des programmes de discussion, des chatbots, mais ces technologies restaient jusqu'à récemment extrêmement limitées, incapables de comprendre le contexte d'une parole ou la cohérence d'une affirmation, et totalement dépourvues de connaissances, de profondeur et de variété. Les grands modèles de langage (LLM, *large language models*) produisent aujourd'hui des textes d'un très bon niveau. Leur production brute n'est pas à la hauteur de Proust ou de Stendhal, mais elle est souvent au moins équivalente à la moyenne des élèves de faculté. Avec un peu d'adresse dans la manière de leur poser des questions et de leur donner des consignes, on peut en tirer des résultats surprenants, et souvent impressionnants. D'autres intelligences artificielles, de synthèse d'images celles-là, permettent de produire des illustrations sur n'importe quel sujet et de visualiser n'importe quel objet, réel ou fantasmé, dans n'importe quel style et sous n'importe quelle forme. En fonction des consignes qu'on leur donne, elles font naître, à partir de ce qu'on appelle l'« espace latent » des possibles contenus dans leurs quantités innombrables de paramètres, des images nouvelles. Concrètement, elles commencent par générer des images complètement floues, puis s'efforcent d'y discerner des formes reconnaissables et de les rendre de plus en plus précises — un peu de la même manière que quand nous essayons de voir des images dans des taches d'encre. Et il y a quelque chose de fascinant, surtout pour une civilisation comme la nôtre, passionnée par les images, à explorer cet espace latent, comme un monde parallèle que nous découvrons au fur et à mesure.

Mais au-delà de la découverte d'un nouveau gadget, l'utilisation de l'IA va, à l'évidence, devenir indispensable dans des dizaines de domaines. Je suis convaincu que, bientôt, la génération de contenu par IA sera omniprésente dans la production intellectuelle, artistique, scientifique, et dans nos vies quotidiennes. On peut s'en effrayer, voire s'en horrifier, mais il me paraît difficile d'imaginer s'y opposer. La puissance de cet outil est telle que ceux qui refuseront de l'utiliser seront condamnés à la lenteur, au manque de moyens, et à l'oubli. Ce n'est pas vraiment l'IA qui va remplacer les hommes ; ce sont les hommes qui utilisent l'IA qui remplaceront les autres.

Or, j'en suis persuadé, la coopération avec l'IA recèle de véritables trésors. Elle nous permettra de réaliser des choses auparavant inenvisageables, comme l'est le présent livre. Faire un ouvrage pareil, avec autant d'illustrations, aurait demandé des dizaines voire des centaines de milliers d'euros de coûts de production, si l'on prend en compte qu'il comprend des images photoréalistes et cinématographiques. Il aurait fallu embaucher des illustrateurs, des peintres, des spécialistes de l'image de synthèse, des créateurs 3D, des photographes, un plateau, des costumes, des lumières, bref, tout un arsenal de production hollywoodien pour produire un équivalent à ce que contiennent les pages qui suivent. Il va de soi que c'était impensable pour un projet de livre. Désormais, c'est possible. Pourquoi s'en priver ?

Il est vrai que cette soudaine évolution technologique n'est pas sans risques ni sans menaces. D'abord, on comprend ceux qui se lamentent que l'on ait créé une machine à produire des œuvres d'art avant une machine à livrer les pizzas : dans le premier cas, il s'agit d'une tâche qui donnait du plaisir et de la satisfaction à ceux qui l'accomplissaient ; dans le second cas, c'est un travail pénible qu'on aurait bien voulu faire disparaître. Malheureusement, on découvre simplement qu'il est plus facile de faire dessiner un ordinateur que de construire un robot livreur de pizzas. La pyramide des tâches a été inversée. Nous pensions naïvement que la création artistique était le pinacle de la spécificité humaine, qu'elle constituait le cœur de ce qui ne serait jamais, jamais remplacé par la machine. Nous pensions qu'il fallait être profondément, fondamentalement humain pour peindre un tableau. En fait, une machine y arrive très bien. On peut bien sûr discuter de la qualité artistique des œuvres réalisées aujourd'hui par intelligence artificielle. On peut les juger convenues ou médiocres. Néanmoins, certaines sont déjà suffisamment convaincantes pour que des êtres humains les confondent avec de véritables œuvres peintes de main d'homme ; c'était une expérience que j'avais réalisée en programmant un petit site appelé « AI or Art », invitant l'utilisateur à tenter de deviner si une série d'images avait été réalisée par un humain ou un ordinateur. Il était rare que quelqu'un parvienne à deviner la bonne réponse à tous les coups, et beaucoup de candidats parvenaient à peine à dépasser le score qu'ils auraient atteint en devinant parfaitement au hasard. De la même manière, je me souviens d'un professeur qui me disait, il y a dix ans, qu'il serait à tout jamais impossible de programmer un ordinateur de manière à lui faire traduire un texte de manière convenable, pour la simple raison que cet ordinateur n'a aucune notion du bon sens ou du monde réel. Pour traduire la phrase « Nous avons offert un chien à Paul ; il a de beaux poils roux » en anglais, il faut comprendre que « il » renvoie nécessairement au chien et pas à Paul, et qu'il faut donc le traduire par « it » en anglais, tout simplement parce que nous, êtres humains, savons qu'on ne parle jamais d'un homme en disant qu'il a de beaux poils roux. Mais comment un algorithme informatique, même programmé à toute la subtilité des règles de grammaire, saurait-il que « Paul » ne peut pas être le propriétaire des beaux poils roux ? Aucune règle de syntaxe ne le prévoit. L'avis était donc définitif : jamais un ordinateur ne pourrait véritablement traduire un texte de manière correcte, sans commettre des bévues de ce genre.

Posons aujourd'hui la question à GPT-3 :

> Traduis la phrase suivante en anglais :
>
> "Nous avons offert un chien à Paul ; il a de beaux poils roux."
>
> Puis explique à quoi ou à qui renvoie le mot "il" dans cette phrase.
>
> We gave a dog to Paul; it has beautiful red fur.
>
> Le mot "il" dans cette phrase renvoie au chien qui a été offert à Paul.

Les modèles de langage parviennent sans difficulté à comprendre et à traduire un texte, même face à ce genre de subtilités qui paraissaient inaccessibles à l'ordinateur, et alors même qu'on ne leur a appris aucune règle de grammaire ; pourquoi ? Parce qu'ils reposent sur des modèles statistiques. À chaque nouveau mot, le programme calcule le mot suivant qui lui paraît le plus probable, en fonction de paramètres qu'il a déduits de l'analyse de millions, voire de milliards d'exemples. En l'espèce, il « sait » que les mots « beaux poils roux » sont très, très probablement associés à un chien plutôt qu'à un homme, parce qu'il a vu des milliers de textes où c'était le cas. En d'autres termes, ces intelligences artificielles ne se contentent pas d'appliquer un programme à partir de règles codées à la main par des programmeurs ; elles déduisent elles-mêmes des paramètres à partir d'une énorme masse de données. Cela change tout.

Cela signifie, d'abord, que le langage est un outil d'une extraordinaire puissance. Les textes produits par l'humanité depuis son commencement, réunis sur Internet et fournissant à ces IA leur base de données, contiennent en eux-mêmes une connaissance de la raison humaine, et même du monde, de manière très concrète : un ordinateur peut nous parler de choses qui appartiennent à l'expérience humaine de la réalité, même s'il ne les a jamais expérimentées lui-même, simplement parce qu'il les a déduites des textes que nous avons produits, par calculs statistiques. Cela signifie ensuite que nous n'avons pas encore touché les limites de ces nouveaux systèmes. En augmentant la taille et la qualité des données, en optimisant les paramètres, en les appliquant à de nouveaux objets, il est possible de réaliser des tâches intellectuelles quasiment miraculeuses.

Toutefois, à l'heure actuelle, nous avons fait plus de progrès dans ce que Peter Thiel appelle le « monde des bits », le monde numérique, que dans le « monde des atomes », le monde physique. Apprendre à une voiture à conduire toute seule, à un drone à livrer des colis, à un robot à débarrasser la table, tout cela est plus complexe que nous ne le croyions il y a encore dix ans. Le monde physique est plus difficile à imiter et à naviguer que le monde intellectuel. Nous sommes donc dans une situation étonnante, où les machines que nous avons conçues sont plus intelligentes que les plus intelligents humains pour réaliser certaines opérations complexes — et ce depuis longtemps —, sont capables de produire des dissertations et des livres, mais sont incapables de monter à un arbre pour cueillir un fruit, ce que sait faire un chimpanzé. Il est vrai que certains laboratoires travaillent aujourd'hui à des robots capables de naviguer l'espace physique, comme les prototypes Atlas de Boston Dynamics. Et je pense qu'un jour prochain, nos machines parviendront également à investir ce champ de l'activité humaine et animale. Mais il est remarquable de voir que la sphère intellectuelle aura été conquise avant la sphère physique. Un professeur d'université a, à court terme, plus de soucis à se faire sur l'avenir de son métier qu'un ouvrier du BTP.

Insistons cependant sur une idée capitale : il ne s'agit pas d'un remplacement stérile. L'automatisation de tâches qui nous paraissaient auparavant impossibles à robotiser nous ouvre de nouvelles manières de travailler, dont les aspects les plus rébarbatifs peuvent être gommés. Un traducteur n'aura plus à traduire lui-même chaque phrase, mais il pourra guider la machine pour donner tel ou tel sentiment à la traduction, lui faire mieux voir un ton particulier du texte, la conduire à un choix d'expression plutôt qu'un autre ; tout ce qui fait, en somme, le propre des bons traducteurs, par opposition aux mauvais, et qui ne se résume pas à la connaissance des règles grammaticales. C'est sans parler des nouveaux métiers, des nouvelles pratiques qui apparaîtront probablement.

En ce sens, la principale menace des avancées dans l'intelligence artificielle réside dans leur rapidité. Après tout, nous avons déjà connu des révolutions technologiques, et l'on ne rencontre plus guère de cochers et de livreurs d'eau dans nos rues. Mais l'automobile a mis plusieurs générations à s'imposer dans toutes les villes ; on avait le temps de voir venir, de se former, de laisser la place à ses enfants. Aujourd'hui, ce n'est plus le cas. Aucun illustrateur n'imaginait il y a encore trois ans être un jour en concurrence avec des programmes informatiques ; aujourd'hui, déjà, certains sont abandonnés au profit de Stable Diffusion ou de Midjourney, des IA de synthèse d'image. Bien sûr, il y aura toujours des artistes, de même que la photographie n'a pas fait disparaître les peintres et les dessinateurs. Rappelons que le peintre Paul Delaroche, découvrant l'un des premiers daguerréotypes en 1839, s'était exclamé : « À partir d'aujourd'hui, la peinture est morte. » Il avait tort d'un point de vue artistique, mais ce n'était pas tout à fait faux du point de vue social : les peintres n'eurent plus du tout la même place dans la société après l'invention de la photographie. Auparavant, un apprenti peintre était à peu près sûr de trouver du travail en faisant de médiocres tableaux : il y avait toujours des gens désireux de se faire tirer le portrait. Mais la photographie introduisait une concurrence insurmontable pour ces commandes alimentaires. Pour vivre de la peinture, il fallait désormais être un artiste reconnu, ou rien. Certes, finalement, il s'est trouvé d'autres métiers justement permis par l'innovation technologique — illustrateur, dessinateur de bande dessinée, dessinateur de mode, etc. Mais cela prit du temps. Aujourd'hui, les artistes trouveront forcément de nouveaux champs d'expression, avec ou en dehors de l'intelligence artificielle. Mais la rapidité de la transition la rendra probablement brutale, du point de vue social et économique.

Une remarque à cet égard : le monde d'aujourd'hui est rempli de divertissements. Ce n'est pas le moindre de ses points communs avec la Rome du Haut Empire. Nous passons une grande partie de notre temps, collectivement, à regarder des films et des séries, à assister à des spectacles, à regarder des compétitions sportives, à jouer à des jeux, à lire des livres et à écouter des débats, quand nous ne sommes pas sur nos téléphones à regarder le spectacle de la vie des autres. Nos sources de divertissement sont de plus en plus nombreuses et personnalisées. Il fut un temps où Rome tout entière se rendait au Colisée ou au Cirque pour assister au même spectacle, à l'exception d'un ou deux philosophes grincheux ; il fut un temps, plus récent, où l'un des feuilletons les plus regardés de la télévision américaine, *I Love Lucy*, réunissait environ 11 millions de foyers chaque semaine… À une époque où il n'y avait que 15 millions de téléviseurs aux États-Unis. Tout le monde regardait la même chose, dans tout un pays. Aujourd'hui, au contraire, chacun regarde son propre contenu, y compris au sein d'un même foyer. Il est devenu presque rare de pouvoir parler, autour d'une table, d'une production cinématographique ou télévisuelle que tout le monde a vue ; encore moins d'un spectacle ou d'un livre. Dans les générations les plus jeunes, le phénomène est démultiplié par les réseaux sociaux et les canaux de partage de vidéos comme YouTube ou TikTok. Chacun se divertit à sa manière, avec le matériel qu'il préfère.

Mais cette situation n'est rien à côté de ce que la révolution de l'intelligence artificielle va provoquer. Bientôt, il sera possible de réaliser des films entiers avec un seul ordinateur, dans une chambre d'étudiant. Il sera même possible de faire réaliser ce film en fonction des goûts du spectateur individuel, de sorte que personne ne verra le même film. Peut-être voudrais-je voir une comédie avec Louis de Funès et Brad Pitt dont l'histoire se passe sous l'Empire byzantin ? L'ordinateur la produira pour moi et pour moi seul.

Nous atteindrons un niveau de personnalisation de la consommation encore jamais atteint, avec tous les risques que cela charrie. La culture, au sens large, était un important facteur de lien entre les hommes. Si nous ne pouvons plus rien partager, que se passe-t-il ?

L'un des principaux risques, c'est l'absence totale de capacité à sortir de son propre sillon. Si je n'aime pas que la pop musique coréenne, et qu'un ordinateur m'abreuve en permanence de pop musique coréenne artificiellement adaptée à mes goûts précis, de sorte que j'en sois toujours plus satisfait, en inventant éventuellement des sous-genres de pop musique coréenne pour m'empêcher de m'en lasser, il est possible que je ne découvre jamais rien d'autre. S'il ne s'agit que de pop musique coréenne, ce n'est pas très dangereux ; s'il s'agit de contenus politiques ou idéologiques, c'est plus inquiétant.

Revenons à l'état actuel de la technologie. Qu'en est-il, maintenant, des écrivains, des essayistes et des chercheurs ? Des intelligences artificielles comme GPT peuvent d'ores et déjà écrire des textes convaincants, mais elles ont encore leurs limites. Elles ont en particulier une limite de taille. Elles ne peuvent pas, à l'heure où j'écris ces lignes (mais il en sera peut-être différemment quand vous aurez ce livre entre vos mains), écrire en un seul jet un livre entier. Elles ne peuvent pas non plus écrire la suite d'un très long texte en gardant une cohérence parfaite, car sa « fenêtre » d'analyse contextuelle est réduite à quelque 4 000 mots. En d'autres termes, elle ne se « souvient » que des 4 000 mots précédents ; au-delà de ce stade, elle commence à inventer des choses qui n'auront plus de rapport avec ce qui précède. Pour écrire un roman ou un essai, c'est embêtant.

Cela ne veut pas dire, cependant, qu'il soit impossible d'écrire aujourd'hui avec l'IA ; ce livre en est la preuve. Alors, comment fait-on ? Il faut imaginer ces outils comme… des outils. On peut lui demander, par exemple, de rédiger d'abord un résumé d'un livre qui n'existe pas encore. Puis lui demander de faire le plan de ce livre. Puis lui redonner le résumé et lui faire rédiger une synthèse de la première partie. Puis lui demander le plan de cette première partie. Puis lui demander dix arguments ou dix événements dans le début de cette première partie. Puis lui faire rédiger le premier de ces arguments. Et, à la fin, assembler le tout. C'est encore un gros travail ; il faut trouver les bonnes consignes à lui donner, savoir choisir les bons résultats en relançant si nécessaire la machine des dizaines ou des centaines de fois, prendre soin de corriger les erreurs dans les résultats, assembler de manière cohérente l'ensemble des productions. Mais en procédant ainsi, dans ce qui ressemble, au fond, beaucoup au travail d'un réalisateur de cinéma s'occupant du montage de son film, on peut aboutir à un livre entier.

Naturellement, il est plus difficile de lui faire écrire un très intelligent livre de philosophie qu'une notice du service clientèle d'une photocopieuse. Les textes qui nécessitent plus de créativité et de rigueur, et surtout plus d'originalité, sont beaucoup plus délicats que les textes usuels, pour lesquels GPT-3 est déjà quasiment parfaite. Nous avons accès, avec l'IA, à un assistant extrêmement puissant et obéissant, mais peu original dans la forme. Nous sommes, au fond, un peu comme ces grands orateurs romains qui avaient des secrétaires grecs comme esclaves ; ils étaient aussi cultivés qu'eux, pouvaient leur donner des idées, leur suggérer des rédactions ou des corrections, prenaient des notes et écrivaient sous leur dictée, tout en étant intégralement à leur service.

L'inconvénient des IA actuelles, par rapport à un esclave grec philosophe, c'est qu'elles ont tendance à commettre des erreurs. La raison en est simple : elles ne font que générer du texte vraisemblable, à partir de calculs statistiques. Si le texte lui paraît vraisemblable, c'est suffisant, et elle n'a pas de moyens de vérifier que la bataille d'Austerlitz a eu lieu en 1805 ou en 1804. Quand on souhaite écrire un livre, et notamment un essai historique, c'est un véritable problème.

C'est là l'origine de ce livre. L'histoire sans la rigueur des faits n'est plus de l'histoire. Sauf dans une petite partie de la discipline historique, un exercice à la fois plaisant et instructif mais qui, précisément, ne repose pas sur des faits réels : l'uchronie. L'uchronie, c'est l'art d'imaginer ce qui se serait passé dans l'histoire si quelque chose était ou n'était pas arrivé. Si Napoléon avait gagné à Waterloo. Si la crise de Cuba avait entraîné une guerre nucléaire. Ou si l'Empire romain ne s'était pas effondré.

En principe, l'uchronie est un exercice purement textuel. On raconte l'histoire telle qu'elle aurait pu avoir lieu, en changeant certains paramètres. Mais l'intelligence artificielle renouvelle le genre en profondeur. On peut, en utilisant la synthèse de texte et la synthèse d'image, lui faire « découvrir » une histoire alternative, incluant à la fois des faits, des événements, des documents, mais aussi des images et des visualisations de cet univers fictif. C'est l'objet de ce livre : faire générer à l'intelligence artificielle une histoire alternative de Rome, dans laquelle nous pouvons nous immerger, et nous permettre de s'en servir comme base d'une réflexion sur notre rapport à l'histoire, à l'Antiquité, et à la technologie.

C'est pourquoi l'événement clé de cette uchronie, le paramètre qui fait dévier le cours de l'histoire, est, dans ce livre, une invention technique. Que se serait-il passé si le monde antique avait inventé la machine à vapeur ? Comme on le verra dans les pages suivantes, il n'en était pas si loin. L'idée n'est pas si invraisemblable. Que se serait-il passé alors ? Aurions-nous connu un destin similaire au nôtre, mais quinze siècles plus tôt ? Le progrès technique est-il le principal moteur de l'histoire humaine, ou au contraire une dimension secondaire ?

Dans les pages qui suivent, j'ai donc demandé à l'intelligence artificielle de produire des récits de ce qui se serait passé dans cette histoire alternative, et d'en imaginer les conséquences, les évolutions, les incarnations concrètes. Comme dans une machine à traverser les univers parallèles, nous pouvons découvrir des pans de cette civilisation qui n'existe pas mais aurait pu être. Au fur et à mesure de cette exploration, j'y ai apporté mes commentaires et mes remarques, car c'est tout l'intérêt de cet exercice : nous donner à réfléchir sur le sens de l'histoire, du passé, et de notre destin.

P.S. : Pour ceux qui s'intéressent à la technique de production, voici comment ce livre a été conçu.

S'agissant des images, j'ai voulu que ce livre en contienne deux sortes : d'une part, de fausses photographies d'objets archéologiques imaginaires (statues, fresques, mosaïques, ordinateurs, armes...), comme s'ils avaient été retrouvés après des siècles et exposés dans des musées du monde entier, accompagnées de fausses légendes indiquant leur lieu d'exposition ; et d'autre part, des mises en scène vivantes de la vie quotidienne dans cet empire romain imaginaire, comme s'il s'agissait de plans d'un péplum uchronique. Ces illustrations ont été créées à partir des trois principales IA de synthèses d'image utilisables à l'heure où sont écrites ces lignes : DALL-E, Midjourney et Stable Diffusion. Chacune fonctionne de la même manière : on décrit en quelques mots, ou en quelques lignes, l'image que l'on souhaite voir, on règle certains paramètres comme la taille ou la part d'aléatoire dans la génération, on décrit éventuellement ce que l'on souhaite ne pas voir, et l'IA propose des résultats, dont il faut ensuite sélectionner les meilleurs ; c'est un travail où il y a d'immenses quantités de chutes. Les deux premières de ces IA, DALL-E et Midjourney, sont puissantes et cohérentes, mais peuvent avoir tendance à donner leur propre style à chaque image créée ; Midjourney, en particulier, produit des images au style cinématographique très appuyé, avec de forts contrastes. Stable Diffusion, qui est la seule de ces intelligences artificielles accessible en *open source*, est beaucoup plus flexible et personnalisable, quoique parfois moins cohérente. Aussi une grande partie des images sont-elles créées d'abord sur DALL-E ou Midjourney, puis retouchées en plusieurs endroits via Stable Diffusion, en faisant « peindre » l'IA à tel ou tel point de l'image pour corriger de mauvais détails. Car il y a toujours de nombreuses erreurs ; nul doute que, dans les mois et les années qui viennent, des modèles beaucoup plus impressionnants encore apparaîtront, mais aujourd'hui, il est rare qu'une image soit produite sans qu'il faille corriger une main qui présente sept doigts, des yeux asymétriques, des jambes supplémentaires. Une fois ce premier travail de retouche réalisé par IA, vient une dernière révision par des moyens plus traditionnels, c'est-à-dire sur Photoshop, pour ajuster les couleurs ou rectifier à nouveau quelques détails.

J'ai principalement utilisé, pour la génération des textes, le modèle de GPT-3 appelé *text-davinci-003*, le plus performant qui soit aujourd'hui en accès libre et sans consignes préalables. Si l'IA a fait récemment l'objet de toutes les attentions par le biais de ChatGPT, une application de discussion qui repose sur une version alternative du même modèle, ChatGPT présente un inconvénient pour écrire un livre, c'est qu'elle est beaucoup plus contrainte dans son style et ses réponses que le modèle de base. ChatGPT privilégie autant que possible la pertinence et la cohérence des réponses à l'originalité, ce qui donne souvent des textes aux formules répétitives et convenues. *Text-davinci-003* est une table rase ; on peut l'orienter dans le sens que l'on veut.

J'ai donc procédé en demandant à *text-davinci-003* d'imaginer les chapitres d'un livre d'uchronie où l'empire romain aurait découvert la machine à vapeur, en lui donnant pour consigne de chercher à en déduire toutes les conséquences sociales, économiques, politiques, culturelle ou technologiques possibles ; puis, j'ai sélectionné, dans ces chapitres, ceux qui me paraissaient les plus intéressants. Je lui ai alors demandé de rédiger les plans de ces chapitres, puis, à l'intérieur de ces plans, des passages entiers. Chaque passage a fait l'objet de multiples générations pour ne retenir que celles qui me paraissaient les plus pertinentes. Ensuite, j'ai réalisé un premier travail de montage pour assembler les différents morceaux entre eux, et je suis revenu vers l'IA pour lui demander de changer certaines phrases ou certains paragraphes pour les améliorer, de développer sur telle ou telle idée, de proposer des variations sur une histoire.

Pour tirer le meilleur parti de ces grands modèles de langage, il faut savoir quoi lui demander. Parfois, il faut lui dire d'écrire comme un historien ; parfois, comme un économiste ; parfois, comme un scénariste de cinéma, ou un grand romancier. La précision de la consigne est déterminante ; il faut lui demander d'être prolixe et détaillé, ou bien de donner des exemples. Le résultat est souvent meilleur si on lui dit en préambule : « tu es le meilleur historien spécialiste de la Rome antique au monde » ; comme quoi, la confiance en soi est la clé du succès, même pour les ordinateurs. En général, le résultat est meilleur en anglais, car le modèle de langage repose principalement sur des sources anglaises ; j'ai donc principalement travaillé dans cette langue, avant de traduire le résultat en français. À quelques reprises, notamment pour la génération de faux documents littéraires ou philosophiques, je lui ai donné un modèle (une lettre d'Épicure ou de Sénèque) en lui demandant d'en réaliser une variation qui s'applique à cette histoire uchronique, et le résultat est généralement très convaincant. Enfin, j'ai réalisé un travail de relecture et de correction à la main, absolument nécessaire pour polir le résultat et le rendre plus agréable à lire. Naturellement, les parties de ce livre intitulées « Les commentaires de l'historien » sont entièrement écrites par moi, sans intervention de l'IA ; elles ont pour but d'éclairer, du point de vue de l'histoire cette fois, les inventions uchroniques de l'intelligence artificielle. J'ai trouvé que les idées engendrées par l'IA donnaient matière à réflexion sur des sujets inattendus, et se révélaient particulièrement stimulantes.

On pense parfois que l'IA, parce qu'elle est entraînée sur des millions de textes écrits par des humains, ne peut servir que de perroquet, tout juste capable de répéter ce qu'elle a entendu, mais jamais d'imaginer ou de créer du nouveau. C'est une erreur. Justement parce qu'elle est entraînée sur une quantité phénoménale de textes, et qu'elle en a tiré des relations logiques improbables pour nous qui n'en avons pas lu autant, elle peut proposer des idées inédites. Prenons quelques exemples, en commençant par de petites détails : c'est elle qui a trouvé tous les nouveaux noms latins inclus dans ce livre, pour désigner les objets technologiques que Cicéron n'a évidemment jamais vus. « *Lucerna circumvolans* », « lanterne tournant autour », ce n'est pas mal pour désigner un satellite dans la langue de Lucrèce ; et personne n'a jamais utilisé ces mots ensemble auparavant. Autre exemple : elle est capable d'inventer des mythes nouveaux. « On dit qu'un jour, Technè se promenait dans la forêt, lorsqu'elle rencontra un ruisseau bouillonnant. Alors qu'elle regardait l'eau couler, elle fut frappée par une inspiration soudaine. Elle réalisa que la vapeur qui s'échappait du ruisseau pouvait être exploitée et utilisée pour faire fonctionner des machines. » Évidemment, jamais personne n'avait écrit une histoire où quelqu'un découvre la machine à vapeur en regardant un ruisseau, encore moins dans un contexte mythologique. Mieux, elle est capable d'imaginer ce que des néoplatoniciens auraient pensé de l'électricité, en en faisant une métaphore complexe de la puissance divine. Bien sûr, il s'agit souvent de recombinaisons de multiples sources préexistantes ; et on retrouvera, dans l'histoire d'un magnat de l'électricité exécuté par l'empereur, un croisement de l'histoire d'Edison et de celle de Sénèque. Mais s'agit-il vraiment d'une limite de l'intelligence artificielle ? La création humaine est, elle aussi, avant tout une histoire de recomposition. *L'Énéide* n'était-elle pas un mélange de *L'Iliade* et de *L'Odyssée* ?

SOMMAIRE

CHAPITRE 1

◀ Héron d'Alexandrie et ses assistants perfectionnant la machine à vapeur, bas-relief, Iᵉʳ siècle, Musée gréco-romain d'Alexandrie.

NÉRON ET LA MACHINE À VAPEUR

Nous sommes en 56 après J.-C., et dans la ville animée d'Alexandrie, un groupe de savants grecs est sur le point de faire une découverte remarquable. Pendant des décennies, ils ont cherché des moyens d'exploiter la puissance de la vapeur et ils sont enfin prêts à dévoiler leur incroyable invention.

L'équipe de savants, dirigée par le brillant inventeur Héron d'Alexandrie, travaillait sans relâche depuis de nombreuses années, utilisant les dernières connaissances scientifiques et les dernières technologies grecques pour tenter de percer les secrets de la puissance de la vapeur. Ils avaient étudié les principes de la dynamique des fluides, de la thermodynamique et de la mécanique, et avaient construit une série de dispositifs expérimentaux complexes pour tester leurs théories.

L'une de leurs innovations les plus importantes était l'éolipyle, un moteur à vapeur primitif qui utilisait la pression de la vapeur pour faire tourner une sphère sur un pivot. Ce dispositif simple était le précurseur de la machine à vapeur que l'équipe allait finalement dévoiler.

Enfin, après de longues journées et nuits de travail acharné, ils se trouvèrent prêts à présenter leur invention au monde. Héron d'Alexandrie réunit ses collègues, ainsi que les dirigeants et les dignitaires de la ville, pour assister à l'inauguration de la machine à vapeur dans le plus grand théâtre de la cité. Quand la foule fut rassemblée, Héron et son équipe dévoilèrent avec précaution leur invention : un petit appareil au fonctionnement complexe capable de transformer la vapeur en mouvement mécanique. La foule fut stupéfaite.

Le gouverneur romain en Égypte, qui avait assisté à la présentation, fut particulièrement impressionné par la machine. Il perçut immédiatement le potentiel de cette invention et envoya les savants grecs à Rome, afin que l'empereur Néron puisse examiner la machine, avec interdiction d'en faire la démonstration à quiconque d'autre. À Rome, l'empereur écouta attentivement Héron lui expliquer le fonctionnement de la machine à vapeur, puis s'approcha du prototype.

Un sénateur romain a laissé une relation de l'épisode dans une lettre à l'un de ses amis:

> En examinant le moteur, le prince semblait rempli d'un sentiment de crainte et d'excitation mêlées face à la puissance que cette nouvelle technologie pouvait donner à son empire.
> «Votre majesté», dit son affranchi Phaon, «je crains que cette nouveauté ne soit plus une malédiction qu'une bénédiction. Si nos ennemis apprenaient son existence, ils chercheraient sûrement à l'obtenir pour eux-mêmes. Et même si nous devions la garder secrète, le simple fait d'utiliser une arme aussi avancée sur le champ de bataille ferait de nous une cible pour leur haine et leur envie.»
> Néron écouta les paroles de Phaon, mais n'en fut pas convaincu. Il semblait déterminé à exploiter la puissance de cette machine quels qu'en soient les risques.
> «Phaon», dit l'empereur, «je comprends tes inquiétudes, mais je crois que les avantages potentiels de cette nouvelle invention dépassent de loin ses dangers. Avec ce système, nous serons en mesure d'écraser nos ennemis sur le champ de bataille, et d'assurer l'avenir de l'Empire pour les générations à venir.»
> Au fur et à mesure de la démonstration, même l'expression sceptique de Sénèque s'est transformée en intérêt. Néron, toujours désireux d'impressionner, a ordonné l'expérimentation immédiate de la machine à vapeur. Je dois avouer pour ma part que, comme Phaon, je ne suis toujours pas certain de la sagesse de cette décision. La machine à vapeur est une création radicale et non testée, et ses effets à long terme sur notre république

sont inconnus. Mais je ne peux pas non plus nier les capacités impressionnantes de cette nouvelle invention, et je suis impatient de voir comment elle sera utilisée.
J'espère que cette lettre te trouvera en bonne santé, mon cher Scæva. S'il te plaît, écris-moi et dis-moi ce que tu penses de cet événement remarquable.

▲ Le navire à vapeur sur le Tibre, mosaïque, Iᵉʳ siècle après J.-C., Musée archéologique d'Ostie.

Cinq ans plus tard, Néron se tenait sur les rives du Tibre et regardait un bateau équipé d'une machine à vapeur descendre le fleuve. Les ingénieurs et les conseillers qui avaient développé la technologie se tenaient à proximité, attendant nerveusement le verdict de l'empereur. Quand le navire approcha, Néron put voir qu'il se déplaçait plus rapidement que toutes les autres embarcations sur le fleuve. Il grimaça d'excitation, convaincu que cette nouvelle technologie donnerait à l'Empire romain un avantage crucial sur ses rivaux. «C'est incroyable», s'exclama Néron en frappant dans ses mains. «Avec cette machine à vapeur, nos navires seront capables de déjouer et de dépasser n'importe quel vaisseau ennemi. Nous devons commencer à incorporer cette machine dans notre armée immédiatement!»

Les ingénieurs échangèrent des regards soulagés. Alors que le navire disparaissait, la foule de citoyens romains qui l'observait depuis les berges se mit à applaudir. Ils étaient stupéfaits par la puissance et la vitesse du vaisseau, qui ne ressemblait à rien de connu. Néron, se délectant des acclamations, savait qu'il s'agissait d'une occasion capitale pour asseoir son pouvoir. «Merci, citoyens!» cria-t-il à la foule. «Avec cette nouvelle invention, nous ne pourrons plus nous arrêter! Ensemble, nous allons conquérir le monde et apporter la gloire au Sénat et au peuple de Rome!» La foule acclama encore plus fort. Alors que Néron rentrait au palais, entouré de ses conseillers, il savait que ce n'était que le début d'une nouvelle ère de grandeur pour l'Empire romain… et pour lui-même.

Peu après, un légat fut chargé de tester une première application, le char à vapeur, sur le champ de bataille. Il était d'abord hésitant sur ses capacités, mais le char changea la donne dès son lancement aux côtés des légions, permettant aux Romains de vaincre rapidement leurs ennemis parthes à la bataille de Ctésiphon, en 67 après J.-C.

Quand la nouvelle parvint à Rome, elle suscita immédiatement des controverses. Beaucoup étaient effrayés par la puissance de la machine à vapeur, et appelaient à enterrer cette technologie dangereuse. Ils étaient d'autant plus suspicieux qu'elle provenait d'ingénieurs alexandrins, dont on doutait des

Néron exposant la machine à vapeur au Sénat, groupe statuaire en marbre, Ier siècle, Musée national romain.

intentions. À la cour, on attendait le jugement du philosophe et maître de Néron, le stoïcien Sénèque. Il était intrigué, car il reconnaissait qu'il s'agissait d'une remarquable prouesse d'ingénierie, mais il se méfiait également de ses dangers inconnus. Il discuta des mérites et des inconvénients des machines

à vapeur avec ses collègues philosophes et avec l'empereur, et il conclut qu'ils constituaient, au fond, une force neutre. Il appartenait aux Romains de les utiliser à bon escient, avec prudence et retenue, et d'éviter la tentation de les utiliser à des fins destructrices. « *Vaporis machina est gladium bifidum, ferrum potens quod ad utrumque bonum et malum uti potest* », écrit-il dans une lettre à Lucilius : « La machine à vapeur est un glaive à double tranchant, une arme puissante qui peut être utilisée à mal comme à bien. »

Année après année, la machine à vapeur fut de plus en plus adoptée et perfectionnée. Elle devint une technologie cruciale qui alimentait de nombreux aspects de la vie romaine, utilisée pour des industries telles que l'exploitation minière, la fabrication et le transport. Elle permettait aux Romains de produire une quantité considérable de biens et de services en moins de temps que les mains des esclaves. Rapidement, cela conduisit au développement de nouvelles techniques, comme le métier à tisser automatique et le moulin à vapeur. Des manufactures nouvelles virent le jour à travers l'Empire, où l'on amenait des esclaves tirés des champs pour travailler dans le noir et la fumée. L'expérience n'avait rien d'agréable. En entrant dans une manufacture romaine de la fin du IIe siècle, la première chose qui frappait le visiteur était la chaleur. L'intérieur était étouffant, avec un air épais et lourd qui semblait peser sur lui comme un poids physique. L'air était rempli de bruits de machines qui s'entrechoquent et de cris d'ouvriers, et le sol vibrait sous les pieds tandis que les moteurs à vapeur grondaient et rugissaient. On pouvait voir au cœur de l'usine un

US

engin massif et complexe fait d'engrenages, de leviers et de tuyaux, qui crachait de la fumée dans l'air. Les esclaves qui s'en occupaient étaient trempés de sueur, leurs visages sinistres et creusés tandis qu'ils alimentaient le moteur en bois et en charbon. Plus on avançait dans l'usine, plus on voyait de rangées de machines, chacune entretenue par un petit groupe d'esclaves. Certains faisaient fonctionner des métiers à tisser, leurs doigts survolant les motifs complexes tandis qu'ils tissaient le fil dans le tissu. D'autres s'occupaient des pompes et des soufflets, leurs muscles se tordant en travaillant sur les lourdes machines. On pouvait sentir l'intensité de l'usine tout autour d'eux, la chaleur, le bruit et le mouvement semblant tourbillonner. C'était un contraste frappant avec les rues de Rome à l'extérieur, et cela donnait au spectateur un sentiment d'accablement et presque de vertige.

Si, pour les esclaves et les ouvriers, ces nouvelles conditions n'avaient rien d'enviable, d'autres se réjouissaient de l'avènement de la vapeur, et construisaient des fortunes inouïes. De cette première envolée de la croissance économique, un témoignage singulier nous en est donné par le passage fameux du roman de Pétrone, le *Satiricon*, où l'affranchi Trimalcion raconte l'histoire de sa fortune :

> Pour faire court, vous saurez que j'ai fait construire cinq navires. Je les ai chargés de vin : c'était de l'or à l'époque ; je les ai envoyés à Rome. Mais, comme si je le leur avais recommandé, ils firent tous naufrage. C'est un fait, je ne vous le dis pas : en un jour, Neptune me dévora trente millions de sesterces. Pensez-vous que j'ai perdu courage ? Non, par Hercule ! J'ai investi dans des bateaux à vapeur, la dernière technologie de l'époque, et mes profits ont grimpé comme par magie. Je suis devenu l'homme le plus riche de Rome, tout cela grâce à mes investissements dans ces incroyables machines. Et donc, mes amis, comme vous pouvez le voir, j'ai vraiment atteint les sommets du succès. J'ai construit un empire grâce à la vapeur, et je suis devenu l'un des hommes les plus riches et les plus puissants de Rome. Mais je n'ai pas fait cela tout seul : j'ai eu l'aide de ma chère

épouse Fortunata, qui m'a soutenu dans mes efforts et m'a aidé à réaliser mes rêves. Et j'ai également eu le soutien des dieux, qui ont souri à mes entreprises et m'ont accordé un succès dépassant mes imaginations les plus folles. Levons donc nos verres aux dieux, à ma chère épouse et à l'incroyable puissance de la vapeur !

Cependant, et bien que la découverte de la vapeur ait constitué une avancée majeure, elle trouvait rapidement ses limites. L'une des difficultés était de trouver suffisamment de sources d'énergie pour alimenter les machines qui se multipliaient. Pendant un temps, beaucoup de Romains se montrèrent de plus en plus sceptiques sur l'intérêt de ces techniques et les changements qu'elles apportaient dans la société. Le poète Martial, en particulier, a laissé plusieurs textes cruels contre ses contemporains fascinés, à tort selon lui, par les applications de la vapeur, comme l'épigramme XLI, *Sur Cæcilius* :

Tu te prends pour un homme de progrès,
Amoureux de la puissance de la vapeur,
Mais en réalité, tu n'es qu'un nigaud,
Un esclave de la marche de la technique.
Tu erres dans les rues de Rome,
Un imbécile obsédé par la technologie,
Oubliant toutes nos anciennes coutumes,
À la poursuite de gains éphémères.
Tu n'es pas un Véran ou un Gaius,
Mais un simple pâtre des temps modernes,
Guidé par les promesses des machines,
Et ignorant les leçons des anciens.
Alors ralentis tes pas, cher Cæcilius,
Et réfléchis à l'endroit où tu te trouves,
Car en poursuivant toujours de nouvelles choses,
Tu risques de te perdre toi-même.

Le commentaire de l'historien

Contrairement à ce qui précède, ce texte n'a pas été écrit par l'intelligence artificielle.

Que se serait-il donc passé, si, au Ier siècle de notre ère, une machine réellement inventée par un savant grec avait été un tout petit peu plus efficace, et avait pu servir à réaliser de véritables travaux mécaniques utiles ? Quelles auraient été les conséquences dans l'Empire romain de Néron ? Jusqu'où la chaîne des progrès technologiques serait-elle allée ? Rappelons que de la machine à vapeur de Watt à l'iPhone, il y a moins de 250 ans, c'est-à-dire un siècle de moins qu'entre la mort d'Auguste et la naissance de Constantin.

L'époque hellénistique, dans l'Orient méditerranéen après les conquêtes d'Alexandre, fut riche en découvertes et en expérimentations, qu'elles soient littéraires, artistiques, politiques ou scientifiques. Les sculptures de cette époque reposent sur les canons de beauté établis à l'époque classique, mais font preuve d'une virtuosité baroque encore jamais vue, qui demandait des connaissances techniques approfondies, pour construire des ensembles statuaires toujours plus grands, plus aériens, plus en mouvement. Les poètes alexandrins rivalisent de sophistication et de préciosité, dans des textes qui rappellent parfois la difficulté d'un Mallarmé. Mais c'est aussi dans l'ingénierie que les Grecs poursuivent des objectifs de plus en plus ambitieux et extravagants. Les Ptolémée font assécher des lacs, construire le fameux phare d'Alexandrie qui comprenait probablement un mécanisme sophistiqué pour faire monter le combustible en haut de la tour, et naviguent sur de gigantesques navires de plaisance comme la thalamège, un catamaran de près de 90 mètres de long. La compétition internationale entre royaumes successeurs d'Alexandre s'exerçait aussi dans le domaine technique, à la fois pour des raisons militaires — c'était à qui aurait la plus haute tour de siège, la catapulte la plus puissante —, mais aussi pour des raisons de prestige. Le plus fameux des inventeurs de cette époque, outre le célèbre Archimède, était Héron d'Alexandrie, qui a effectivement vécu au Ier siècle de notre ère, et a vraiment inventé une machine fonctionnant à la vapeur, l'éolipyle (ou « sphère d'Éole », le dieu du vent). Cette machine est une chaudière, alimentée au feu, contenant de l'eau dont la vapeur fait tourner une sphère. D'après une reconstitution réalisée dans les années 1970, la sphère pouvait réaliser environ 1 500 tours par minute. Son principal défaut — et la raison pour laquelle elle ne pouvait pas être utilisée pour construire de véritables machines utiles — était qu'elle avait besoin de très grandes quantités de bois pour fonctionner. On ignorait l'utilisation du charbon, plus efficient que le bois, et on ne disposait pas encore de techniques pour assurer une circulation parfaitement hermétique de la vapeur, ce qui causait une déperdition d'énergie trop importante. Jean-Pierre Vernant notait que « l'ingénieur Héron, quand il raisonne au niveau de la théorie, se préoccup[e] fort peu de l'ajustement de ses modèles mécaniques à la réalité technique; les solutions qu'il présente pourront être entièrement impraticables». Pour passer de l'éolipyle à une véritable machine à vapeur, il fallait un souci particulier de la réalisation pratique, que n'avait pas Héron. Il n'empêche que son curriculum vitæ reste impressionnant, car il ne s'était pas limité à cette invention; il avait aussi réalisé le premier orgue à vent ou encore le premier distributeur automatique dans lequel on pouvait introduire des pièces. Il est vrai que toutes ces inventions n'étaient pas directement issues du cerveau d'Héron; Vitruve mentionnait déjà, quelques décennies plus tôt, un système similaire à l'éolipyle. Le plus intéressant, dans la vie et les travaux d'Héron et des autres ingénieurs hellénistiques, c'est leur état d'esprit. Ce sont vraiment des inventeurs; ils cherchent à tout prix à trouver, par la technique, des manières nouvelles de simplifier ou d'alléger la vie des hommes, en automatisant des tâches pénibles. Il est intéressant de noter, à cet égard, que l'une des premières utilisations de l'automatisation fut justement de chercher à émuler le théâtre et le spectacle. Malheureusement, les écrits d'Héron ne nous sont plus connus que par fragments.

Il se trouve que les inventions d'Héron eurent lieu à l'époque du règne de Néron. Si la machine d'Héron avait pu produire de véritables effets utiles, il est probable qu'elle aurait été présentée à la cour impériale. Néron était amateur de nouveautés, et n'avait pas peur de prendre des risques. Il voulut conduire un jour un char à dix chevaux, au Cirque — sans succès, puisqu'il eut un accident et fut gravement blessé. De manière générale, il était passionné par les inventions dans les jeux; sous son règne, Suétone raconte qu'on vit un éléphant concourir au Cirque, ou bien des quadriges de chameaux, et qu'il invitait à y assister « les vieillards consulaires et les vieilles matrones », et même, audace nouvelle, les Vestales, prêtresses ordinairement peu coutumières de ces festivités. Mais on sait aussi, par Suétone toujours, qu'il « inventa, pour les bâtiments de Rome, un nouveau genre de construction. Il voulut que les maisons publiques et les maisons privées eussent des portiques par devant, et que du haut de leurs plates-formes on pût éteindre les incendies. Ces portiques furent construits à ses frais ». Il fit aussi populariser un nouveau système de tablettes pour déjouer les faussaires, voulait percer l'isthme de Corinthe, et quand il fit construire son palais, la Domus Aurea, il y installa des gadgets mécaniques : « Les salles à manger avaient pour plafonds des tablettes d'ivoire mobiles, qui, par différents tuyaux, répandaient sur les convives des parfums et des fleurs. La principale pièce était ronde, et jour et nuit elle tournait sans relâche pour imiter le mouvement du monde. » Mieux : on sait qu'au moment de la révolte de Vindex, qui signalait la rébellion d'une province entière et mettait en danger le pouvoir impérial lui-même, Néron tint « conseil à la hâte avec quelques principaux citoyens qu'il appela chez lui, et passa le reste du jour à leur faire voir des instruments de musique hydrauliques d'une espèce toute nouvelle, à leur montrer chaque pièce l'une après l'autre, à discourir sur l'emploi et le mérite de chacune, et à leur assurer même qu'il étalerait tout ce mécanisme sur le théâtre, si Vindex le lui permettait ». Néron consacre l'essentiel de sa journée non pas à réprimer une révolte dangereuse, mais à faire la démonstration de nouveautés technologiques ! Aussi n'est-il pas difficile d'imaginer qu'un pareil prince aurait été fasciné par une invention comme la vapeur — d'autant plus qu'il se sentait contraint par la main-d'œuvre disponible :

pour ses constructions et grands projets, il dut ordonner que les criminels ne soient condamnés qu'aux travaux forcés, afin de disposer des ouvriers nécessaires. Il aurait accueilli avec bonheur la perspective d'une force de travail mécanique.

Qu'aurait pensé Sénèque, le précepteur de Néron, d'une telle innovation ? On peut le déduire de certains de ses propres écrits. Philosophe, stoïcien, aristocrate, il méprisait les arts techniques, ceux qui, « attributs de l'artisan, purement manuels, s'occupent de fournir aux besoins de l'existence : là rien qui offre l'apparence du beau ni de l'honnête » ; de même que « les conceptions du machiniste, ces échafaudages de théâtre qui surgissent comme par enchantement, ces décorations qui montent sans bruit dans les airs, et ces changements inattendus où des masses réunies se disjoignent, séparées se rapprochent spontanément, s'élèvent pour s'abaisser ensuite insensiblement sur elles-mêmes, choses dont s'éblouit une foule ignorante que tout effet soudain, dont elle ne connaît pas les causes, jette dans l'ébahissement ». Il critique vivement l'un de ses prédécesseurs stoïciens, le Grec Posidonios, qui avait fait un tableau des inventions de l'esprit humain, réunissant la philosophie, la science et l'ingénierie. Pour Sénèque, au contraire, ces dimensions de l'activité humaine sont bien distinctes.

> « Il est des découvertes qui, nous le savons, ne datent que de notre temps, comme l'usage des pierres spéculaires dont les feuilles diaphanes transmettent la lumière dans toute sa pureté ; comme les bains suspendus au-dessus de leurs foyers, et ces tubes, appliqués dans les murs, qui font circuler la chaleur et l'entretiennent de bas en haut toujours égale. Que dirai-je des marbres dont nos

> temples, dont nos maisons resplendissent ? Et ces masses de pierres polies en colonnes où s'appuient des portiques et des palais à recevoir des peuples entiers ? Et ces caractères abrégés, au moyen desquels le discour le plus rapide est recueilli, et la main suit la célérité de la parole ? Les plus vils esclaves ont trouvé tout cela : la sagesse a plus haut son siège. »

Toutefois, sa philosophie ne va pas jusqu'à regretter l'usage de ces inventions, ni à demander leur bannissement. Sénèque lui-même vivait dans le luxe et l'opulence. Techno critique, dirait-on aujourd'hui, mais pas nécessairement hostile à toute invention ; le philosophe cherchait avant tout à ne pas se laisser distraire de sa mission.

Mais une autre invention allait bientôt accélérer les changements subis par le monde romain, et réduire au silence les plus sceptiques. En l'an 243 de notre ère, un groupe d'érudits et de scientifiques entreprit une mission d'exploration des régions orientales de l'Empire, qui avaient été récemment pacifiées. Leur objectif était d'en apprendre davantage sur les cultures et les technologies de ces terres lointaines, et de rapporter toute connaissance ou invention qui pourrait profiter à leurs concitoyens. Au cours de leur voyage dans les sables du désert de Mésopotamie, les Romains découvrirent une invention étrange et merveilleuse : la pile électrique. Ce dispositif étonnant, inventé par un brillant savant de la ville de Ctésiphon, était capable de générer un courant électrique en utilisant seulement quelques matériaux simples. Les savants romains, fascinés par la démonstration, et, depuis l'invention de la machine à vapeur, à l'affût de tout surcroît de puissance technique, comprirent rapidement le potentiel de cet outil. Ils commencèrent à faire des expériences avec l'appareil et purent améliorer sa conception. Vers le milieu du IIIe siècle, ils réussirent à créer un générateur électrique à vapeur, qui constituait une avancée majeure et permit aux Romains d'exploiter la puissance de l'électricité d'une manière auparavant inimaginable. Grâce à leur nouveau générateur, les Romains purent créer un large éventail d'appareils et de machines électriques. Ils utilisèrent l'électricité pour alimenter des lampes, des moteurs et des chaudières, et bientôt toute leur vie quotidienne fut envahie par l'électricité.

Un personnage est particulièrement révélateur de l'esprit de l'époque : le célèbre Magon. Il était à l'avant-garde de la révolution technologique qui balayait l'Empire. Il fut toujours fasciné par le potentiel de l'électricité depuis qu'il avait vu pour la première fois une ampoule lorsqu'il était enfant, et il consacra sa vie à explorer ses applications. Issu d'une famille riche et influente de Carthage, Magon était un personnage grand et imposant, mesurant plus d'un mètre quatre-vingts et doté d'une carrure musclée qui, d'après les auteurs de l'époque, témoignait de sa force et de sa vitalité. Toujours bien habillé, privilégiant les tissus fins qui reflétaient l'image qu'il se faisait de lui-même, il avait des cheveux foncés et ondulés et une longue barbe, ce qui lui donnait une apparence de philosophe grec. Pendant ses premières années, Magon avait voyagé dans les coins les plus reculés de l'Empire, étudiant avec les plus grands esprits de l'époque et apprenant tout ce qu'il pouvait sur le pouvoir mystérieux de l'électricité. Il s'était penché sur des textes anciens, avait expérimenté des équipements de pointe et s'était même rendu dans les lointaines terres d'Arabie pour étudier avec les ingénieurs électriciens renommés qui s'y trouvaient. Mais ce n'est qu'à son retour à Carthage que Magon commença vraiment à se faire un nom. Il vendit une grande partie des terres de sa famille et, comme un évergète, il construisit sur ses propres fonds un complexe tentaculaire à la périphérie de la ville, où son équipe d'ingénieurs et de techniciens travaillait sans relâche pour développer de nouvelles façons d'exploiter l'électricité. Il aperçut bientôt la nécessité d'une organisation officielle pour représenter les intérêts de ceux qui travaillaient dans l'électricité. Il fonda la Guilde des électriciens, le *Collegium Fabrorum Electricorum*, une association

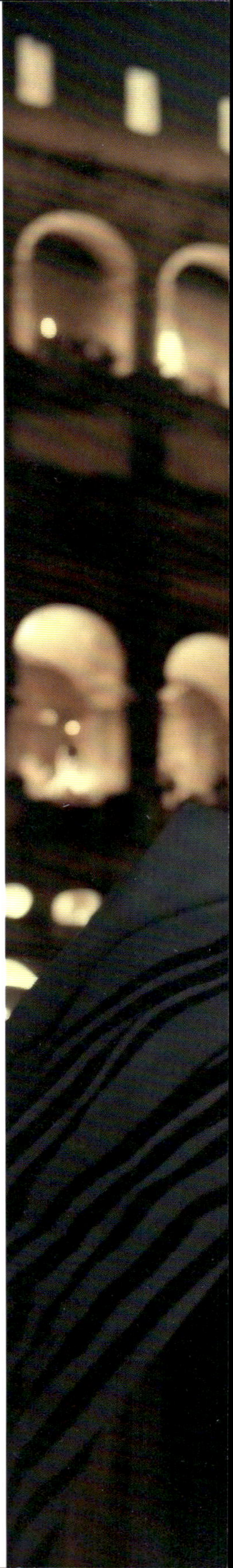

d'hommes de métier et de techniciens spécialisés dans le développement de l'électricité. En tant que premier président de la guilde, Magon travailla sans relâche pour promouvoir la guilde et ses membres, et en fit rapidement une force importante dans l'Empire. Elle représentait les intérêts de ses membres auprès de l'administration impériale et du public, et s'efforçait de faire progresser la compréhension, l'acceptation et l'utilisation de l'électricité. Bientôt, Magon fournissait de l'électricité aux villes et villages des quatre coins de l'Empire. Ses installations permettaient à chaque citoyen d'éclairer sa maison, d'alimenter des machines et des véhicules, et même de transmettre des messages sur de longues distances.

L'heure de gloire de Magon eut lieu lorsqu'il réussit à électrifier l'intégralité du Colisée, le joyau de l'Empire romain. Pour la première fois, les combats de gladiateurs qui avaient captivé les Romains pendant des siècles pouvaient avoir lieu la nuit, en illuminant l'arène avec la lueur éblouissante des lampes électriques. On dit que plus de mille gladiateurs furent tués cette nuit-là, sous des acclamations assourdissantes.

Cependant, Magon devint rapidement une figure controversée. Beaucoup applaudissaient ses innovations et les avantages qu'elles apportaient à l'Empire, mais d'autres s'inquiétaient des dangers potentiels de l'électricité et de la concentration du pouvoir entre les mains de Magon. En tant qu'inventeur romain originaire de Carthage, Magon n'était pas sans ennemis dans la Ville éternelle. Carthage était une rivale historique de Rome, et de nombreux Romains nourrissaient une animosité profondément ancrée envers la ville et ses habitants. Ses détracteurs l'accusaient d'utiliser son contrôle de l'approvisionnement en électricité pour s'enrichir, lui et ses compatriotes carthaginois, aux dépens du peuple romain. Ils soulignaient les prix élevés pratiqués par le Collegium, ainsi que les fréquentes coupures de courant et interruptions de service qui frappaient ses installations encore primitives. Magon ne recula pas. Il continua à repousser les limites de sa technologie, développant de nouveaux projets de plus en plus ambitieux qui promettaient de révolutionner le fonctionnement de l'Empire. On vit des émeutes éclater dans les rues, de nombreux Romains demandant au prince d'intervenir et de maîtriser son pouvoir. Certains appelèrent même à la destruction de toutes les constructions électriques, arguant qu'il était déshonorant de soutenir un magnat carthaginois. Il n'était pas rare d'assister à des bains de sang lorsque des groupes de partisans de Magon rencontraient certains de ses détracteurs.

L'empereur romain, Antonin, inquiet de l'agitation croissante dans l'Empire, décida d'agir. Il savait que l'exécution de Magon le transformerait en martyr pour tous ses partisans et ne ferait qu'envenimer la situation. Il imagina donc un plan plus rusé. Il convoqua Magon au palais et lui proposa un marché. En échange du transfert de la propriété de toutes ses infrastructures, l'empereur épargnerait sa vie et lui permettrait de vivre ses jours dans un exil confortable. Magon fut déstabilisé. Il avait consacré sa vie à faire progresser l'Empire grâce à ses inventions, et il ne pouvait supporter l'idée de les abandonner. Mais l'empereur lui fit clairement comprendre l'alternative : c'était soit cet accord, soit la mort. Certains de ses amis exhortèrent Magon à prendre les armes et à renverser l'empereur, sûrs qu'il avait l'influence et le pouvoir financier pour lever une armée et organiser un coup d'État. Mais Magon n'était pas un militaire, et il refusa obstinément d'entrer en rébellion. Il accepta à contrecœur les conditions de l'empereur, abandonna la maîtrise de toutes ses constructions, puis se retira pour mener une vie d'exil sur une île des Canaries.

Il y résidait depuis plusieurs années lorsque la dernière étape du plan de l'empereur entra en action. La beauté de son environnement d'exil n'avait guère contribué à atténuer l'amertume et le regret qui consumaient Magon. Il avait été obligé d'abandonner l'œuvre d'une vie, son identité même, pour sauver sa peau. À présent, il était prisonnier dans sa propre villa, obligé de vivre ses jours en exil, loin de l'empire qu'il avait autrefois espéré servir. Un jour, alors qu'il était assis dans son bureau à écrire ses mémoires, face aux eaux scintillantes de la baie, on frappa à la porte. Magon savait qui c'était, et il redoutait l'idée de ce qu'ils étaient venus faire. Il hésita un moment, puis se leva à contrecœur et se dirigea vers la porte. Lorsqu'il l'ouvrit, il fut accueilli

par un groupe de soldats prétoriens. Ils étaient armés, et venus délivrer un message de l'empereur lui-même.

« Magon, l'empereur s'est lassé de ton existence », dit le centurion, la voix froide et menaçante. « Il nous a ordonné de te faire obéir à son dernier ordre. »

Magon savait qu'il ne pouvait pas échapper à son destin. Il avait été trahi par l'empereur, et maintenant il allait payer le prix ultime. Il regarda les gardes, puis la magnifique vue de son balcon. Le cœur lourd, il s'approcha du balcon et fit face aux sbires. « Je suis prêt », dit-il, la voix tremblante d'émotion. « Je ferai ce que l'on attend de moi. » Et, ayant dit cela, Magon sauta du balcon, plongeant vers sa mort dans les eaux de l'Atlantique.

La villa où il passa son exil peut encore être visitée aujourd'hui. C'était une retraite luxueuse et opulente, bien loin de l'agitation du cœur de l'Empire. Nichée sur les rives d'une baie cristalline, la villa était entourée de jardins tropicaux luxuriants remplis de plantes et de fleurs exotiques. Le bâtiment principal était une structure tentaculaire à plusieurs niveaux, construite dans le marbre le plus fin et ornée de sculptures et de mosaïques complexes. Étant donné la controverse de son dernier propriétaire, personne n'a osé habiter le lieu après sa mort, et il a été laissé intact.

Malgré sa fin tragique, la carrière de Magon ne dissuada pas les inventeurs de toutes les provinces de l'Empire de continuer de travailler à étendre les possibilités de la technique. Bientôt, le progrès technologique devint une valeur centrale de la mentalité romaine. L'empereur Marc Aurèle estimait que l'utilisation de la vapeur et de l'électricité était essentielle pour que les Romains puissent maintenir l'harmonie et l'équilibre en eux-mêmes et dans l'univers. Ces technologies leur permettaient de rester connectés à la nature, de contrôler leurs émotions et d'atteindre leurs objectifs de manière réfléchie et rationnelle. Les néoplatoniciens en particulier étaient fascinés par l'électricité et sa capacité à alimenter et à illuminer le monde qui les entourait. Ils y voyaient une métaphore du monde des idées, l'électricité représentant l'étincelle de connaissance divine qui illumine l'esprit et nous permet de voir le monde sous un jour nouveau. Les néoplatoniciens considéraient l'électricité comme une manifestation physique de la puissance divine. Tout comme l'électricité circule dans les fils et éclaire une pièce, ils pensaient que la puissance du divin circulait dans l'univers et illuminait notre esprit. Ils considéraient également l'électricité comme un symbole de l'interconnexion de toutes les choses. De même que l'électricité circule d'un endroit à l'autre, les néoplatoniciens pensaient que toutes les choses de l'univers étaient connectées et influencées les unes par les autres. Cette mentalité, répandue dans de nombreux cercles de réflexion à travers l'Empire, poussait à une utilisation créative de la technologie pour résoudre des problèmes pratiques, mais aussi à une interconnexion accrue entre les différentes parties de l'Empire.

Le commentaire de l'historien

Pouvait-on découvrir l'électricité dans l'Antiquité ? Un objet qui a fait couler beaucoup d'encre, et dont il est question ici, est la fameuse « pile de Bagdad », une mystérieuse poterie du IIIe siècle avant J.-C. — toujours l'époque hellénistique, mais dans l'Empire parthe cette fois ; la datation est cependant sujette à débats. Certains archéologues avaient imaginé qu'il s'agissait d'une pile électrique primitive. Naturellement, cela aurait constitué une révolution historique prodigieuse. De fait, la poterie comprend, à l'intérieur, une tige de fer et un cylindre de cuivre, avec un tampon de bitume l'isolant de la base. Il n'aurait manqué que des fils de branchement et un liquide acide pour faire de cet objet une pile fonctionnelle, avec, il est vrai, une puissance très limitée. Mais, aussi séduisante que soit l'hypothèse, il est beaucoup plus probable, comme le pensent aujourd'hui la plupart des archéologues, qu'il s'agissait tout simplement d'un outil de couture, ou éventuellement d'un récipient destiné à accueillir des papyrus.

Toutefois, cela ne signifie pas qu'il aurait été absolument invraisemblable qu'un savant antique découvrît la pile électrique. L'électricité statique était connue depuis longtemps, de même que les aimants, et Thalès aurait, d'après les auteurs anciens, réalisé des expériences sur les propriétés attractives de l'ambre, que les Grecs appelaient justement *elektron*. Ils avaient par ailleurs des explications naturelles du phénomène de l'éclair. Ce n'est qu'à partir du XVIIe siècle, avec les travaux d'un William Gilbert en Angleterre et son livre *Sur l'aimant*, que recommencent à progresser les réflexions sur ces étranges phénomènes, jusqu'à la découverte de la différence entre électricité positive et négative par Charles Dufay au XVIIIe siècle et, bien sûr, l'invention de la pile électrique par Alessandro Volta en 1800. Il manquait aux Grecs le concept de charge positive et négative, et donc un moyen de comprendre la cause d'une charge électrique ou les moyens de manipuler un courant. Sans doute aussi leurs moyens de conception étaient-ils encore trop peu précis pour construire une pile électrique efficace — encore que les restes archéologiques de leurs machines les plus sophistiquées, comme le mécanisme d'Anticythère, dévoilent leur très grande précision manufacturière. Mais il est étonnant de se rendre compte qu'il manquait au fond peu de choses, matériellement, pour qu'ils parviennent à décoder le mystère de l'électricité et qu'ils réussissent à s'en servir. La connaissance de l'humanité quant à l'électricité a stagné de l'Antiquité jusqu'au XVIIe siècle, et s'est accélérée à la fin du XVIIIe siècle. La première ampoule électrique a été inventée seulement quatre-vingts ans après l'invention de la pile, elle-même postérieure de seulement deux cents ans à la reprise des recherches sur le magnétisme, qui s'étaient arrêtées à peu près là où Thalès les avait laissées. Comment ne pas penser à ce qui aurait pu se produire si, au lieu de stagner pendant un millénaire, les inventions s'étaient succédé sans interruption dès l'Antiquité ? Et pourquoi une telle stagnation ? Les exemples de la machine à vapeur et de la pile électrique sont, de ce point de vue, bien différents. La machine à vapeur avait, dans son principe, été inventée dès l'époque hellénistique ; en revanche, il manquait d'autres technologies pour pouvoir en faire une machine efficace et économiquement viable. Le prototype existait, mais il était trop peu efficace, parce qu'il fallait de meilleurs matériaux, un meilleur combustible et de meilleures techniques de soudure pour l'améliorer. Au contraire, dans le cas de la pile électrique, tout était, à peu de choses près, accessible aux Grecs du point de vue matériel ; ils avaient sous la main de quoi la réaliser. En revanche, il leur manquait les concepts et les hypothèses nécessaires. Il aurait fallu qu'ils conduisent plus d'expérience sur les matériaux conducteurs, qu'ils découvrent la notion de charge et de courant électrique. Pourtant, comme on l'a vu, ce n'est pas l'esprit de découverte et d'exploration qui leur manquait. Alors, quoi ?

On peut attribuer cette incapacité à ce que Paul Veyne appelle l'« imagination constituante » au sein d'une société, c'est-à-dire le « bocal » au sein duquel les hommes d'une société donnée peuvent exercer leur réflexion et leurs idées. Il y a des idées qu'un Romain ou un Grec ne pouvait pas avoir parce que les mentalités de son époque les rendaient impossibles, incompréhensibles, ou plutôt, inimaginables. Mais en l'occurrence, on ne sait pas exactement ce qui les aurait rendus incapables d'envisager la notion d'électricité. Jean-Pierre Vernant jugeait que « les Grecs, qui ont inventé la philosophie, la science, la morale, la politique, certaines formes d'art, n'ont pas été sur le plan de la technique des novateurs » (*La Pensée technique chez les Grecs*). Mais il ajoute que cette constatation est d'autant plus surprenante « que les Grecs semblent avoir disposé de l'outillage intellectuel qui aurait dû leur permettre de faire, sur ce terrain comme en d'autres, des progrès décisifs». Depuis les débuts de l'époque classique, les Grecs et ensuite les Romains étaient conscients de leur capacité à modifier le monde par la technique. Les sophistes ont pu être regardés comme les inventeurs de la notion même de technologie: ils promeuvent la puissance humaine, l'utile, l'efficace, la capacité à définir des recettes réutilisables.

Certains penseront peut-être que les Anciens partageaient un respect de l'ordre de la nature, tiré notamment de la philosophie stoïcienne, qui les décourageait d'utiliser ses ressources de manière trop mécanique ou de lui apporter de trop importantes modifications artificielles. Mais ce n'est pas du tout ce qu'on observe dans leur comportement, en dehors des propos de quelques auteurs choisis. Certes, Sénèque ou Salluste critiquent leurs contemporains qui déplacent des montagnes, creusent des canaux et font bâtir d'immenses jetées sur la mer. Mais, d'une part, il s'agit plutôt d'une critique morale contre le luxe et la frivolité; d'autre part, même quand il s'agit de «vivre selon la nature», cet appel sonne vide, ou plutôt vain; le fait même qu'ils aient besoin d'alerter sur les dangers d'un mode de vie artificiel révèle justement que ce mode de vie était prépondérant. Le riche Romain moyen semblait au contraire passionné par la capacité que lui donnait sa richesse d'étendre son contrôle sur ses terres et de fabriquer des environnements artificiels, que ce soit de faux lagons, de fausses montagnes ou de faux pâturages.

On cite souvent, comme une illustration de la réticence des Romains envers l'innovation, un passage de Suétone sur l'empereur Vespasien, qui aurait refusé d'utiliser l'invention d'un ingénieur permettant d'acheminer des colonnes à peu de frais en haut du Capitole, au motif qu'il préférait «pouvoir donner du pain au petit peuple » en le faisant travailler. On y voit parfois l'exemple d'une forme de réticence antique à l'usage de la technologie, les Anciens préférant faire travailler la plèbe plutôt que d'utiliser des machines dont ils auraient pourtant eu connaissance, ce qui aurait, en retour, freiné l'innovation. Mais l'interprétation de cette anecdote n'est pas évidente. Comme l'a fait remarquer Agnès Bérenger, il est possible que Vespasien souhaitait ici, de manière très circonstancielle, que le peuple contribue à la reconstruction du temple de Jupiter Capitolin, l'un des principaux temples romains, qui avait été détruit pendant la guerre civile précédente. Utiliser un entrepreneur privé et des machines aurait empêché le peuple de contribuer à sa reconstruction, ce que Vespasien aurait préféré éviter pour des raisons symboliques plutôt qu'économiques ou sociales. D'ailleurs, rien n'empêchait Vespasien d'utiliser cette invention — sur laquelle Suétone donne au demeurant peu de détails — dans des entreprises militaires ; par ailleurs, on a vu que les Anciens n'étaient pas du tout hostiles à la recherche d'engins mécaniques. On connaît même l'exemple d'un relief du tombeau des Haterii au Vatican, montrant l'utilisation d'une grue sophistiquée dans un chantier de construction ; on estime la puissance de levage de ce genre d'engins à 11 tonnes. Le fait que le propriétaire du tombeau en question ait fait représenter une machine sur le lieu de son dernier sommeil est révélateur de la fierté qui accompagnait ces technologies.

Une autre anecdote, rapportée par Trimalcion dans le *Satiricon* de Pétrone, ou encore par Pline l'Ancien, évoque la réaction de Tibère face à un artisan lui montrant la découverte d'un verre incassable. Tibère aurait soit fait mettre à mort l'inventeur, soit fait fermer son atelier, de peur que l'invention ne se répande et ne fasse chuter la valeur des métaux précieux.

Là encore, l'anecdote est sujette à caution, car Pline lui-même indique qu'il s'agit d'un « bruit longtemps plus répété que bien-fondé ». Elle n'est pas tout à fait invraisemblable, quand on sait la jalousie et la paranoïa qui semblent avoir animé Tibère, surtout à la fin de sa vie ; et on peut imaginer qu'un inventeur qui aurait acquis, grâce à son invention, une grande influence sur la scène romaine aurait probablement fini par se heurter à l'hostilité d'un prince. Il fallait des institutions plus solides que celles de l'Empire romain, qui, rappelons-le, ne dispose d'aucun mécanisme prévisible de succession, pour admettre la montée en puissance de personnalités comme Edison ou, aujourd'hui, Elon Musk. Mais il ne s'agissait pas forcément d'une hostilité fondamentale envers la technique elle-même. Disons plutôt, comme le font remarquer Peregrine Horden et Nicholas Purcell, auteurs d'une vaste étude sur les économies méditerranéennes antiques, *The Corrupting Sea*, que le modèle de l'invention technologique, reposant sur un inventeur et conduisant à des bouleversements en cascade, est un cadre de pensée datant des Lumières ; beaucoup d'évolutions techniques antiques ont eu lieu de manière anonyme, sans être connues ni susciter l'intérêt des écrivains. Si les théoriciens faisaient des avancées conceptuelles, ils ne se préoccupaient pas de leur application pratique ; si les artisans découvraient des innovations pratiques, ils n'en faisaient pas la théorie ni la promotion active. La figure moderne de l'ingénieur, qui allie la réflexion physique et mathématique à la connaissance des conditions de fabrication d'un objet, n'existait pas en tant que telle. Le portrait que dresse Plutarque d'Archimède est éclairant. Après avoir fait la liste des prouesses mécaniques du savant de Syracuse, il ajoute :

> « Archimède ne tenait pas grand compte de toutes ces machines, qui, en effet, n'étaient rien auprès des siennes : non qu'il les donnât pour des inventions d'un grand prix ; il ne les regardait lui-même que comme de simples jeux de géométrie, qu'il n'avait faits que dans des moments de loisir, et la plupart sur les instances du roi Hiéron, qui ne cessait de l'engager à tourner son art, des choses purement intellectuelles, vers les objets sensibles, et de rendre ses raisonnements en quelque sorte accessibles aux sens et palpables au commun des hommes, en les appliquant par l'expérience à des choses d'usage. »

Nous sommes ici en présence d'une situation inverse à celle de l'anecdote rapportée sur Tibère : c'est le prince qui insiste pour que l'inventeur poursuive son travail, et l'inventeur qui dédaigne des mécanismes qu'il juge futiles et indignes de la véritable science, c'est-à-dire de la pure théorie. L'anecdote prouve au moins que les dirigeants anciens, en tout cas un prince éclairé comme l'était Hiéron de Syracuse, percevaient tout l'intérêt des progrès scientifiques, et souhaitaient vivement les répandre dans la cité à travers des applications concrètes. C'est donc plutôt la mentalité des savants eux-mêmes qui ralentissait le progrès technique. Plutarque ajoute en effet, pour donner un contexte plus général sur les inventeurs antiques :

> « Cette mécanique si recherchée, si vantée, eut pour premiers inventeurs Eudoxe et Archytas, qui voulurent par là embellir et égayer pour ainsi dire la géométrie, en appuyant, par des exemples sensibles et sur des preuves mécaniques, certains problèmes dont la démonstration ne

> pouvait être fondée sur le raisonnement et sur l'évidence. [...] Mais quand Platon leur eut reproché avec indignation qu'ils corrompaient la géométrie ; qu'ils lui faisaient perdre toute sa dignité, en la forçant comme un esclave de descendre, des choses immatérielles et purement intelligibles, aux objets corporels et sensibles ; d'employer une vile matière qui exige le travail des mains, et sert à des métiers serviles : dès lors la mécanique, dégradée, fut séparée de la géométrie ; et, longtemps méprisée par la philosophie, elle devint un des arts militaires. »

D'une certaine manière, l'une des causes de la stagnation technologique (toute relative) dans l'Antiquité pourrait être attribuée au... snobisme, celui de Platon et de ses successeurs, qui sont parvenus à dégoûter d'autres philosophes de s'intéresser aux applications pratiques de leurs découvertes théoriques. Or on sait que l'histoire des sciences a largement bénéficié des allers-retours entre théorie et pratique, et que la théorie ne peut aller bien loin sans lien avec la réalité matérielle.

Enfin, peut-être ne faut-il pas oublier que souvent, dans l'histoire, le hasard décide des événements, et qu'il suffit de quelques personnes, de quelques expériences, de quelques circonstances aléatoires pour enclencher des réactions en chaîne qui changent le cours des choses.

CHAPITRE 2

AUTRES TECHNIQUES, AUTRES MŒURS

Par une fraîche soirée d'automne, Marcus Gabinius, un jeune ingénieur, travaille dans son atelier de l'Aventin sur son dernier projet : un char de course propulsé par un moteur à combustion interne. Cela fait des mois qu'il travaille sur ce projet. Il place soigneusement le moteur dans le char, en s'assurant que toutes les connexions sont bien fixées. Puis il verse un peu d'huile dans le moteur et vérifie que le réservoir d'essence est plein. Prenant une profonde inspiration, il démarre le moteur, le regarde s'animer. Cela ronronne doucement, et Marcus sent la puissance se propager dans le char. Il sourit d'excitation et monte sur le siège du conducteur. Il saisit les rênes et appuie sur la pédale, sentant le char accélérer sur le sable. Le bolide fait la course autour de la piste du Cirque, ses roues soulevant un nuage de poussière. Marcus sent le vent dans ses cheveux et le frisson de la course dans ses veines. Il pousse le char de plus en plus fort, sentant le moteur rugir sous lui. Enfin, il franchit la ligne d'arrivée à toute vitesse. Il a réussi — il a inventé le moteur à combustion interne et prouvé qu'il était capable de propulser un char de course.

Gabinius n'était pas le seul à avoir tenté d'innover dans le domaine des Jeux du Cirque. Les Romains avaient développé des pistes de course sophistiquées, avec des virages courbes et d'autres caractéristiques conçues pour compliquer la vie des cochers et rendre les courses plus excitantes. La popularité du sport grandissant, on avait mis en place un circuit de course professionnel, avec des courses régulières organisées en divers endroits de l'Empire, et plus seulement à Rome. Cela conduisit à la création d'un organe directeur, qui établit des règles et des règlements pour les courses et supervisa des enjeux financiers de plus en plus importants. Les chars eux-mêmes continuèrent à évoluer, les Romains incorporant des technologies de plus en plus avancées dans leurs conceptions, telles que la carrosserie aérodynamique, qui permettait de réduire la traînée et d'améliorer les performances. Pour inventer son moteur à explosion, Marcus Gabinius avait commencé par concevoir un moteur à vapeur pour propulser le char, mais s'était vite rendu compte qu'il n'était pas adapté aux courses. Les moteurs à vapeur étaient lourds et encombrants, et ralentissaient le char. Il s'était donc tourné vers l'électricité. Il avait réussi à mettre au point un moteur électrique petit et léger, qu'il avait fixé au char. Cependant, Marcus n'était toujours pas satisfait. Il voulait que son char puisse aller encore plus vite, et avait réalisé qu'il avait besoin d'un tout nouveau type de moteur pour y parvenir. C'est alors qu'il commença à expérimenter des moteurs à combustion interne, qui utilisaient du carburant pour créer une puissante explosion capable de faire avancer le char. Après de nombreux mois d'essais et d'erreurs, Marcus réussit finalement à créer un moteur à combustion interne fonctionnel. Il le fixa à son char et l'emmena faire un essai, avec le succès que l'on sait. Bientôt, tout l'Empire circula en voiture sur les routes romaines, les patriciens les plus riches rivalisant d'extravagance dans leurs véhicules.

Cette invention, survenue de la passion romaine pour les courses au Cirque Maxime, était à l'image de l'évolution de la société romaine dans les IIe, IIIe et IVe siècles après J.-C. De nouvelles formes de divertissements et de loisirs explosaient dans cette Rome oisive et richissime.

▸ Aurige, fresque du début du IIe siècle, Musée archéologique national de Naples.

4

Le niveau de vie de nombreux Romains et la prospérité générale de l'Empire avaient atteint, dès le IIe siècle, des niveaux inégalés. La passion du voyage, déjà aiguë chez les élites des siècles précédents, toucha son paroxysme. Il devenait possible, dès 321 après J.-C., de voyager d'un bout à l'autre de l'Empire en quelques heures, soit en voiture sur les fameuses voies romaines, soit par de nouvelles voies aériennes. La première de ces nouvelles voies était la Via Ærea Sulpicia, qui reliait Alexandrie à Rome en quatre heures. Un voyage sur cette voie était une expérience luxueuse, mais réservée aux plus riches. En montant à bord à l'aéroport d'Hérode Atticus à Athènes, par exemple, on était accueilli par un esclave en uniforme, et conduit à une cabine spacieuse, équipée d'un *triclinium*, de grandes fenêtres qui offraient une vue imprenable sur le paysage qui défilait, et d'une gamme d'options de divertissement en vol. On servait le repas sur des ustensiles en argent. Des thermes miniatures permettaient de se détendre avec un massage et d'autres soins. L'arrivée à l'« aéroport doré » (*portus æreus aureus*) de Rome était toujours un grand moment, offrant des vues à couper le souffle de la ville et de ses anciens monuments. Le plafond voûté de l'aéroport doré était lui-même une véritable œuvre d'art. Des arcs en marbre blanc s'élevaient vers le ciel, soutenus par des colonnes dorées ornées de motifs complexes. Le tout donnait l'impression que le plafond flottait au-dessus des voyageurs, telle une bulle prête à éclater. Chaque centimètre de l'aéroport était richement décoré. Des fresques couvraient les murs, représentant des scènes mythologiques ou historiques. Des sculptures de dieux et d'empereurs romains ornaient les piliers, témoins de l'ancienne gloire de la cité. Mais cet aéroport n'était pas seulement un musée vivant de l'Antiquité romaine. Le toit en verre laissait entrer la lumière du soleil, créant une atmosphère lumineuse et aérée. Des panneaux électroniques indiquaient les départs et les arrivées des vols, tandis que des employés en uniforme se pressaient pour aider les voyageurs. Les bains étaient même équipés de sols chauffants et de machines de massage automatisées. Après avoir passé du temps dans les piscines et profité des traitements, les voyageurs pouvaient se rendre au sauna ou au hammam, ou *laconicum* et *sudatorium*, pour se détendre et éliminer les toxines. Le laconicum était une petite pièce en bois avec un sol chauffé et des bancs, tandis que le sudatorium était un grand espace humide rempli de vapeur d'eau chaude. Enfin, après un moment de détente et d'indulgence aux bains, les clients retournaient à l'*apodyterium* pour s'habiller et poursuivre leur voyage en se sentant rafraîchis et rajeunis.

Mais ce pour quoi la plupart des voyageurs venaient à Rome, c'était les spectacles des Jeux.

La gladiature avait bien changé avec les progrès de la société romaine. Au ve siècle, l'industrie de la gladiature était devenue l'une des plus importantes de toute l'économie mondiale. Certes, les jeux commençaient toujours par une première partie d'escrime traditionnelle. Mais chacun avait hâte de passer à l'étape suivante, où les gladiateurs s'équipaient des armes modernes. Les combats avaient évolué pour devenir des duels épiques entre des guerriers imaginaires équipés d'armes improbables, fusils à pompe, arbalètes ou filets électriques. Les spectateurs

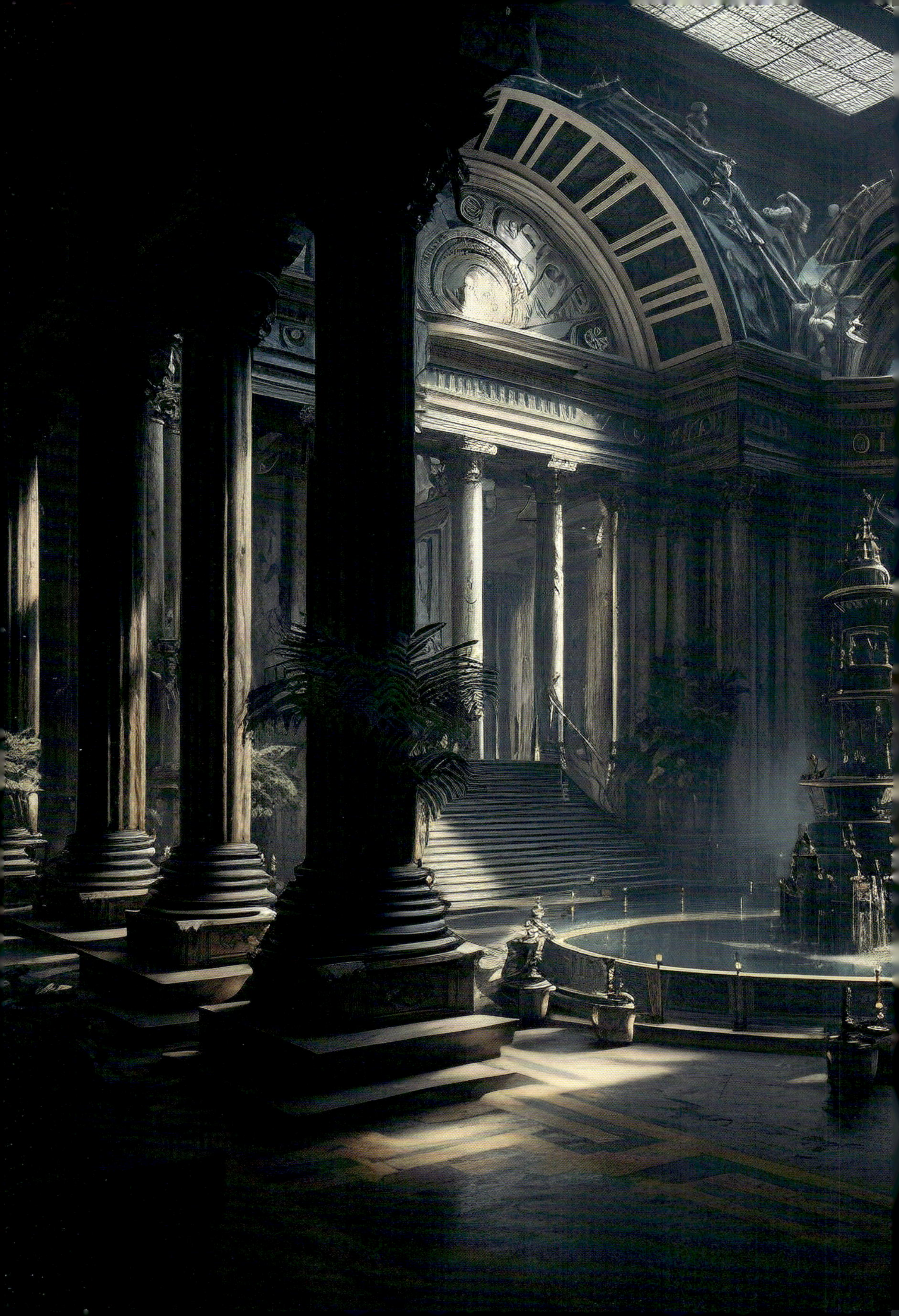

pouvaient profiter de ces spectacles depuis des gradins futuristes, avec des écrans holographiques pour suivre les combats et les courses en temps réel. Des animations en réalité augmentée étaient utilisées pour recréer des batailles historiques ou des scènes de chasses épiques, offrant aux spectateurs une expérience immersive. Les divertissements entre les combats étaient également plus élaborés et impressionnants grâce à l'utilisation de la technologie. Des acrobates étaient propulsés dans les airs par des jetpacks, tandis que des magiciens utilisaient des hologrammes et des effets spéciaux pour réaliser des tours incroyables. Les exécutions capitales restaient l'un des clous du spectacle, et comprenaient des effets pyrotechniques et lumineux destinés à accentuer le drame. Si des activistes essayaient régulièrement de les faire interdire et de mieux réglementer la violence des Jeux, en scandant les slogans «*Morituri non sunt*» et «*Nec plus sanguis in arena*», la plupart des spectateurs venaient en masse et avec avidité assister à chaque spectacle.

Ces avancées profitèrent à l'un des courants philosophiques les plus populaires à Rome, l'épicurisme. Comme c'était une philosophie qui mettait l'accent sur la recherche du plaisir et l'évitement de la douleur, il bénéficiait de l'introduction de ces technologies de plusieurs façons. L'un des principes clés de l'épicurisme est la recherche du plaisir, qui peut être atteint par la satisfaction de besoins fondamentaux tels que la nourriture, le logement et la sécurité. Les inventions nouvelles augmentèrent considérablement la capacité à satisfaire ces besoins, grâce aux progrès de l'agriculture, de la construction et de la médecine. Les moteurs à vapeur alimentaient les systèmes d'irrigation et augmentaient le rendement des cultures, tandis que l'électricité éclairait les maisons et améliorait l'hygiène. Il en résultait une plus grande disponibilité de nourriture et d'autres ressources, ainsi qu'une amélioration des conditions de vie, ce qui accroissait considérablement la capacité de chacun à rechercher le plaisir.

Un autre aspect de l'épicurisme est l'importance de l'amitié et des relations sociales, qui sont considérées comme essentielles à la poursuite du plaisir. L'introduction de nouvelles formes de transport et de communication, telles que l'avion et le téléphone, augmentait considérablement la capacité à entrer en contact avec les autres et à nouer de nouvelles amitiés. Il en résultait un plus grand sens de la communauté et des liens sociaux, ce qui était jugé bénéfique pour la recherche du plaisir. En outre, il était plus facile et moins confortable de mener une vie simple et modérée, selon les principes épicuriens, dès lors que la nécessité d'un travail pénible était atténuée par les machines.

L'épicurisme mettait enfin et surtout l'accent sur l'importance de la rationalité et de la pensée logique, ce qui était grandement encouragé par l'introduction des explications scientifiques des phénomènes naturels. La capacité de comprendre et d'expliquer le monde par la raison et la logique, plutôt que par la superstition et le mythe, était jugée bénéfique pour la recherche épicurienne du plaisir, car elle conduisait à un plus grand sentiment de compréhension et de contrôle sur sa propre vie. C'était l'élément décisif. Ainsi que l'indiquait un philosophe de cette école en parlant de l'*agoraskopia*, qu'on peut

traduire par «réseaux sociaux» bien que le terme signifie plus littéralement la «vision de la foule»:

> C'est un grand bien à notre avis de se suffire à soi-même et de se contenter du peu que l'on a, car ceux qui ont le moins besoin des réseaux en bénéficient le plus. Tout ce qui est naturel est facile à trouver et à partager, tandis que ce qui ne répond pas à un désir naturel est plus difficile à obtenir. Les plaisirs issus des réseaux sont aussi réels que ceux d'une vie sans eux, à condition que la douleur causée par le besoin soit supprimée. L'utilisation des réseaux peut être bénéfique pour nous procurer la pleine santé, pour nous aider à remplir nos devoirs, nous offrir des repas luxueux et nous préparer à la mauvaise fortune. Mais nous devons le faire avec modération et sans être inquiets ou déréglés.

▶ Statuette de la déesse Technè, bronze, IIIe siècle, Musée archéologique national de Naples.

Le commentaire de l'historien

La technologie est-elle neutre ? N'a-t-elle que la valeur qu'une société lui donne ? Les normes sociales, morales et culturelles évoluent-elles de manière indépendante de leurs conditions techniques ? Ou au contraire, l'apparition de machines et d'outils nouveaux conduit-elle à bouleverser les croyances et les mentalités ? L'évolution récente de notre propre société me fait pencher pour la seconde option. Rarement sans doute les esprits n'ont si rapidement évolué que dans les cent dernières années. Qu'on pense à ce que c'était de vivre dans les années 1920, et à quel point notre culture et notre monde ont changé entretemps ! Qu'on compare à la différence entre la vie dans les années 1620 et 1720 ; pour la plupart des gens, elle était relativement similaire. La nôtre est méconnaissable ; nous ne portons plus les mêmes habits, nous ne faisons plus les mêmes métiers, nous ne mangeons plus la même chose, nous ne parlons plus de la même manière, nous n'avons plus les mêmes relations personnelles, les grandes étapes de la vie ne sont plus les mêmes et ne se font plus au même âge, nos croyances sont changées de fond en comble. Une grande partie de cette évolution est nécessairement due à la croissance éclair des moyens de communication. Tout le monde a toujours eu des idées nouvelles ou hétérodoxes; mais elles avaient peu de chance de se répandre avant le téléphone, la télévision ou les réseaux sociaux. Désormais, chaque nouvelle tendance peut se diffuser instantanément. La grande inertie des siècles passés est morte.

Il est évident que les divertissements auraient constitué l'un des premiers débouchés d'une révolution industrielle antique. C'était déjà le principal objet des créateurs d'automates. Héron d'Alexandrie avait inventé un spectacle de théâtre fonctionnant de manière automatique pendant sept minutes, grâce à des ressorts et des cordes, incluant des bruitages artificiels. S'il avait eu accès à de l'électricité, des moteurs et des lumières, on peut imaginer ce qu'il en aurait fait, surtout sous le règne de Néron, amateur passionné des courses.

Les courses de char constituaient, de loin, l'une des plus grandes passions des Romains, et perdurèrent sous l'Empire byzantin. C'était, comme aujourd'hui le football, le sport qui réunissait le plus de monde, de tous horizons et de toutes catégories, même si certains intellectuels faisaient fort de le mépriser. On sait, par Ovide qui y voit, dans *L'Art d'aimer*, un lieu de rencontre idéal, que les courses passionnaient autant les femmes que les hommes. Les cirques ou hippodromes étaient déjà des lieux d'une grande sophistication technique, dédiés à l'optimisation du sport; à Rome, le Cirque Maxime comprenait douze stands de départ pour les chars de course, une barrière centrale délimitant la piste, la *spina*, des bornes qui avaient pour but de rendre dangereux les virages en épingle à cheveux, et des marqueurs du nombre de tours accomplis, décorés en forme de dauphins ou d'œufs. On cherchait par tous les moyens à augmenter la vitesse et le spectacle; les chars étaient normalement équipés de deux chevaux, mais on les vit aller jusqu'à sept chevaux par engin. Une journée de courses pouvait voir se succéder vingt-quatre compétitions, qui étaient aussi dangereuses que notre Formule 1 dans ses premières décennies ; il n'était pas rare de voir les auriges mourir dans un accident. Il y avait, comme en Formule 1, des sortes d'écuries, dirigées par un *dominus factionum*, le directeur de l'équipe. Leurs supporters étaient fanatisés, certains allant même jusqu'à se jeter dans le bûcher d'un pilote décédé qu'ils adoraient. Contrairement aux Grecs de l'époque classique, qui célébraient plus volontiers les chevaux que leurs cavaliers, ou bien le propriétaire plutôt que le pilote, les Romains en étaient venus, avec la professionnalisation du sport, à idolâtrer les cochers.

Le fantasme du vol aérien n'était pas ignoré des anciens. Non seulement la mythologie donnait des exemples d'hommes volants – Icare et les cavaliers de Pégase en premier lieu –, mais quelques expériences avaient été tentées pour faire du rêve une réalité. La plus réussie, plutôt modeste, est racontée par Aulu-Gelle dans les *Nuits attiques* :

> « Les plus illustres des auteurs grecs, et entre autres le philosophe Favorinus, qui a recueilli avec tant de soin les vieux souvenirs, ont raconté du ton le plus affirmatif qu'une colombe de bois, faite par Archytas à l'aide de la mécanique, s'envola. Sans doute elle se soutenait au moyen de l'équilibre, et l'air qu'elle renfermait secrètement la faisait mouvoir. Je veux, sur un sujet si loin de la vraisemblance, citer les propres mots de Favorinus : "Archytas de Tarente, à la fois philosophe et mécanicien, fit une colombe de bois qui volait. Mais, une fois qu'elle s'était reposée, elle ne s'élevait plus ; le mécanisme s'arrêtait là." »

Archytas de Tarente était un savant pythagoricien du IVe siècle avant J.-C., connu pour ses inventions techniques; Platon les lui reprochait comme une perte de temps frivole. On sait aussi que, dans divers spectacles de courses ou de gladiateurs, on tentait parfois de reconstituer le vol d'Icare, en général au détriment fatal du cobaye à qui on avait accroché des ailes. Là encore, le spectacle et le divertissement étaient l'un des principaux terrains d'expérimentation des nouveautés techniques.

Les écoles philosophiques, comme l'épicurisme ou le stoïcisme, étaient peu amènes avec les divertissements populaires. Sénèque écrit à Lucilius: « Rien n'est funeste à la morale comme l'habitude des spectacles. C'est là que les vices nous surprennent plus aisément par l'attrait du plaisir. [...] J'en sors plus attaché à l'argent, à l'ambition, à la mollesse, ajoutons même plus cruel et plus inhumain pour avoir été au milieu des hommes. » Car encore plus que les Jeux, c'est la présence de la foule que repousse le stoïcien, rejoignant en cela l'épicurien. Sénèque cite lui-même Épicure, écrivant à un ami: « Nous sommes l'un pour l'autre un assez grand théâtre. » En d'autres termes, l'amitié entre un petit nombre de personnes doit suffire au divertissement; il n'y a pas besoin de grands spectacles et de grandes réunions pour se distraire. Ces philosophies étaient élitistes, non du point de vue social – il y avait des esclaves stoïciens –, mais parce qu'elles se plaçaient du point de vue de l'homme d'exception, capable d'avoir un contrôle sur lui-même, et de se distinguer de la vulgaire multitude.

L'impact de ces changements fut encore plus profond sur le tissu même de la société romaine, ses rapports hiérarchiques et ses relations humaines. De nouvelles perspectives s'ouvrirent aux femmes et leur permirent de jouer un rôle plus important dans la société. Les Romains commencèrent à comprendre l'intérêt d'éduquer les jeunes filles et de leur fournir les compétences nécessaires pour travailler dans les domaines les plus qualifiés. L'accent fut donc mis sur l'éducation des femmes, qui furent nombreuses à se lancer dans des domaines qui leur étaient auparavant interdits, y compris dans l'armée, chose impensable quelques décennies plus tôt. Cela leur procura une meilleure indépendance économique et un contrôle accru sur leur propre vie. Au IIe siècle, une jeune femme, nommée Terentia, s'intéressait particulièrement aux moteurs à vapeur et à l'électricité. C'était une étudiante brillante, et elle excellait dans l'étude de ces technologies. Elle inventa un nouveau type de machine à vapeur, plus efficace et plus puissante que tout ce qui avait été vu auparavant. L'invention de Terentia attira l'attention de l'empereur, qui fut impressionné par son ingéniosité et ses compétences. Il lui offrit un poste d'ingénieur impérial, traditionnellement réservé à des affranchis grecs, qu'elle accepta. Elle passa ses journées à travailler sur de nouvelles infrastructures, et fut rapidement reconnue comme l'un des ingénieurs les plus talentueux de l'Empire. Des statues furent érigées en son honneur sur le Forum, ce qui n'était jamais arrivé pour une femme à ce titre, et un poète laissa les vers suivants :

> Sa conception était ingénieuse et novatrice,
> Utilisant la vapeur et l'électricité de manières
> jamais vues.
> Elle a inspiré les autres avec son habileté
> et son talent,
> Montrant au monde que les femmes
> pouvaient être tout aussi grandes.

Sous l'influence d'exemples comme celui de Terentia, ainsi que sous l'effet du développement universel de la philosophie stoïcienne, le mariage romain évolua progressivement vers une conception radicalement différente de celle qui avait jusqu'ici prévalu. Les femmes furent en mesure de négocier de meilleures conditions au sein de leur mariage, notamment en ayant leur mot à dire dans les décisions du ménage et en ayant accès à leurs propres revenus. Cela conduisit à des relations plus égalitaires, les deux partenaires contribuant au ménage et prenant des décisions ensemble. La Lex Aurelia, adoptée en 324, instaura l'égalité juridique des deux époux.

La religion ne resta pas indemne face à ces changements. Le monde antique était polythéiste, les gens vénérant de nombreux dieux et déesses différents. Mais le progrès acquis dans les derniers siècles donnait aux gens le sentiment d'être plus puissants et de maîtriser leur propre destin, les conduisait à se concentrer sur leur condition physique plus que sur les questions spirituelles. Ils étaient moins réceptifs à l'idée d'un Dieu unique et tout-puissant, et moins intéressés à se convertir aux sectes et religions nouvelles venues d'Orient, qui enseignaient que le monde physique était temporaire et que la véritable voie du salut se trouvait dans le monde spirituel. Le succès relatif de ces sectes au Iᵉʳ siècle tomba bientôt dans l'oubli. En revanche, on vit se répandre au cours du IIᵉ siècle l'adoration d'une nouvelle déesse du panthéon gréco-romain, nommée Technè, la déesse de la technologie et de l'innovation. On dit qu'elle était la fille du dieu Apollon, qui était le dieu du soleil et des arts. Technè était connue pour son intelligence et sa maîtrise des technologies avancées. Son culte se répandit dans tout l'Empire romain, et elle devint l'une des déesses les plus populaires au sein du peuple, supplantant Minerve et Vulcain, traditionnellement associés à la science et à la technique. Des temples et des sanctuaires furent construits en son honneur, et elle était invoquée par les ingénieurs et les inventeurs qui cherchaient ses conseils et son inspiration. Étrangement, alors même que les Romains connaissaient l'inventeur exact de la machine à vapeur, on vit apparaître des légendes mythologiques sur l'invention de la même machine par Technè. Selon la version d'un poète du IIIᵉ siècle :

> On dit qu'un jour, Technè se promenait dans la forêt, lorsqu'elle rencontra un ruisseau bouillonnant. Alors qu'elle regardait l'eau couler, elle fut frappée par une inspiration soudaine. Elle réalisa que la vapeur qui s'échappait du ruisseau pouvait être exploitée et utilisée pour faire fonctionner des machines. Avec cette idée en tête, Technè se mit au travail, utilisant ses connaissances et ses compétences pour créer la première machine à vapeur. Elle fabriqua chaque partie du moteur de ses propres mains, forgeant le métal et assemblant les pièces avec soin. Enfin, la machine à vapeur fut terminée et Technè la mit à l'épreuve. Elle alluma un feu sous le moteur, et la vapeur commença à monter, alimentant les machines à l'intérieur. Le moteur fonctionnait parfaitement, et Technè fut saluée comme un génie par les autres dieux.

Une importante cérémonie fut dédiée à la déesse Technè, au cours de laquelle ses inventions et ses réalisations étaient célébrées. La cérémonie avait lieu chaque année sur le Forum, devant son temple. Le temple avait été construit, dans les années 150-160, à l'aide de technologies et de matériaux avancés, tels que le fer et l'acier, qui étaient encore nouveaux et impressionnants pour les Romains. L'intérieur du temple était rempli de machines et d'inventions, mettant en valeur l'ingéniosité de la déesse et ses réalisations. En outre, le temple avait été conçu pour intégrer des éléments du monde naturel, tels que l'eau et la vapeur, qui étaient des composants importants de nombreuses inventions de la déesse. Le temple comportait des fontaines et des jeux d'eau, ainsi que des machines et des appareils à vapeur, qui étaient à la fois esthétiques et fonctionnels. À la fin du ve siècle, au centre du temple, trônait une statue mécanique de la déesse, qui livrait des oracles aux visiteurs, conçus par intelligence artificielle. Au cours de la cérémonie, les Romains offraient des sacrifices et des prières à Technè, la remerciant pour sa sagesse et ses contributions à la société. Ils organisaient également des concours et des démonstrations de technologie, présentant les dernières innovations et avancées dans ce domaine. En plus de ces activités, la cérémonie comprenait des discours et des présentations, dans lesquels des personnalités importantes du monde de la technologie faisaient l'éloge de Technè et de son travail.

C'est sous l'égide de Technè que se tint l'un des plus importants débats suscités par les progrès de la science romaine, quand une grande réunion des citoyens les mieux éduqués fut convoquée par le Sénat pour discuter d'une nouvelle technologie qui venait d'être découverte: la manipulation génétique. Les membres du Sénat, ainsi que les philosophes, les médecins et les savants les plus réputés de Rome étaient présents pour débattre des avantages et des risques de cette nouvelle science. Le débat était animé, chacun exprimant ses opinions avec passion. Les avocats de la manipulation génétique soulignaient les avantages potentiels pour l'humanité: des plantes plus résistantes pour lutter contre la famine, des médicaments plus efficaces pour soigner les maladies, des individus plus forts et plus résistants pour renforcer l'armée romaine. Cependant, les opposants à cette technologie mettaient en garde contre les risques pour la moralité romaine. Ils s'inquiétaient des conséquences éthiques de la création d'êtres vivants «améliorés», et de la possibilité que cette science soit utilisée pour créer des êtres surhumains, qui pourraient menacer l'équilibre de la société. Ils rappelaient les anciens mythes prévenant les hommes contre leur propre démesure, citaient Icare, Dédale ou Prométhée. L'un des plus fervents opposants à la manipulation génétique était un philosophe stoïcien, qui déclarait que cette science allait à l'encontre des lois naturelles et que cela pourrait causer des perturbations dans l'ordre de l'univers. Il soutenait que c'était contraire

▸ *Technè inventant la machine à vapeur*, mosaïque, milieu du IVᵉ siècle, Musée archéologique d'Istanbul.

à la volonté du dieu, et que cela causerait des conséquences imprévues et désastreuses pour l'humanité. Un autre orateur, un épicurien, soutenait au contraire que la manipulation génétique pourrait améliorer le bonheur et le plaisir des individus en éliminant les maladies et les souffrances, mais il insistait sur le fait que la science devait être utilisée avec sagesse et modération, pour ne pas perturber l'équilibre naturel. Le débat était intense, chacun cherchant à convaincre les autres de sa position. Finalement, après de longues heures de débat, le Sénat décida d'autoriser les manipulations génétiques au cas par cas, sur la demande de chaque citoyen. En réalité, beaucoup de sénateurs prirent l'habitude d'y avoir recours, en cachette, pour augmenter la production de leurs domaines ou pour s'assurer de la bonne santé de leurs futurs enfants; ils jugeaient que c'était plus humain que de pratiquer l'abandon des nouveau-nés.

La fonction la plus affectée par ces évolutions fut sans doute celle des augures, les prêtres spécialisés dans l'interprétation des signes divins. Les augures utilisaient des méthodes traditionnelles pour lire les signes divins dans la nature, tels que l'observation des oiseaux et des vols d'abeilles. Or, les gens commencèrent à se tourner vers des méthodes plus précises et scientifiques pour comprendre le monde qui les entourait. Les augures durent donc s'adapter pour continuer à occuper une place de choix dans la société romaine. Ils commencèrent à utiliser des instruments de mesure pour étudier les phénomènes météorologiques et à utiliser des calculs mathématiques pour prédire les événements futurs. Certains utilisèrent même des techniques de visualisation 3D pour représenter les signes divins. Les prêtres commencèrent à utiliser des termes scientifiques pour décrire les phénomènes divins, tels que «énergie céleste» ou «forces électromagnétiques». Cela conduisit à une fusion entre la religion romaine et la science, créant une nouvelle forme de spiritualité qui était plus en phase avec les découvertes de l'époque.

Le commentaire de l'historien

Les religions polythéistes antiques étaient, par nature, flexibles et ouvertes à l'introduction de nouveaux dieux, même s'il arrivait qu'on prohibe tel ou tel culte en fonction des circonstances. Les Romains se faisaient une haute idée de la piété, collective ou individuelle, mais c'était une vertu presque déconnectée des dieux eux-mêmes. C'était la première qualité de leur héros national, Énée, et une vertu patriotique qui légitimait la puissance romaine. Cela ne signifiait pas qu'on ne pouvait procéder à des persécutions religieuses. Mais si celles-ci ont bien existé dans le monde antique, elles ont en général plus à voir avec la politique qu'avec la religion. Les chrétiens, ou avant eux les participants des Bacchanales, ne sont pas persécutés par les Romains parce qu'ils blasphémeraient les dieux païens, mais parce qu'ils risquent de constituer une subversion, une cité dans la cité. La répression vient protéger le corps social d'un « séparatisme », comme nous dirions aujourd'hui, et non châtier des hérétiques. Dans une lettre fameuse, Pline le Jeune, haut fonctionnaire chargé de juger des chrétiens dénoncés devant lui, est embarrassé par ce qu'il considère être une secte bizarre, mais les préoccupations spirituelles sont totalement absentes de ses réflexions : il s'agit pour lui de savoir si les accusés sont fidèles à l'empereur ou non.

Rappelons aussi que la relation des Romains avec leurs dieux était toute commerciale : c'est un échange de faveurs qui doit aller dans les deux sens, des hommes aux dieux, mais aussi des dieux aux hommes. Suétone nous rapporte qu'à la mort d'un prince impérial adulé par la population, « on lança des pierres contre les temples, on renversa les autels des dieux ; quelques particuliers jetèrent dans les rues leurs dieux pénates ». Plus tard, quand l'empereur Julien subit une défaite militaire, il déclara refuser désormais de sacrifier au dieu de la guerre. Les Romains pratiquent avec leurs dieux une relation « œil pour œil, dent pour dent », qui implique de pouvoir les insulter franchement et violemment quand l'Olympe n'est pas à la hauteur. D'ailleurs, les récits mythologiques n'hésitaient pas à montrer les dieux dans des situations ridicules, comme Mars et Vénus pris dans les filets d'Héphaïstos. On pouvait se moquer des dieux et leur faire des reproches.
Cette attitude permettait à des croyances contradictoires ou concurrentes de s'intégrer sans remettre en question l'édifice entier. En général, l'apparition de nouveaux dieux était plutôt une importation de divinités étrangères qu'une construction ex nihilo. On connaît bien, par exemple, la manière dont les cultes d'Asclépios ou d'Isis se répandirent à travers l'Empire. Isis, déesse d'origine égyptienne, fut probablement introduite à Rome au IIe siècle avant J.-C., par des adorateurs particuliers ; on vit apparaître de premiers monuments dédiés à elle quelques décennies plus tard, toujours à titre privé, et le culte persista malgré des tentatives d'interdiction à la fin de la République et au début de l'Empire, pour des raisons

principalement politiques. Peu après, on sait qu'il faisait l'objet de constructions publiques, et qu'il faisait partie de la pratique religieuse courante d'une large part de la population. L'apparition d'une déesse comme Technè est donc possible, car on pratiquait souvent la divinisation des concepts. Technè, dont le nom désigne en grec la technique ou la fabrication, fut d'ailleurs effectivement adorée comme une divinité, si l'on en croit un passage de Philostrate décrivant la ville de Gadès dans sa *Vie d'Apollonios de Tyane* : « Gadès est à la limite de l'Europe. Les habitants de ce pays sont d'une religion minutieuse. Ils ont élevé un autel à la Vieillesse, ils sont les seuls hommes sur la terre qui chantent des hymnes à la Mort. Ils ont aussi des autels consacrés à la Pauvreté, à Technè, à Hercule Égyptien, à Hercule Thébain. » Elle n'était toutefois pas la seule option ; Athéna/Minerve aurait également pu jouer le rôle d'une protectrice de la technologie, en tant que patronne de la sagesse et des arts ; dans la mythologie, elle participe d'ailleurs à la construction du navire *Argo*, celui des Argonautes. Vulcain, le forgeron, aurait également pu recevoir cette fonction ; son culte était populaire à Rome. Les augures étaient essentiels dans la vie religieuse romaine, mais n'étaient pas respectés par tout le monde. Cicéron disait que deux augures ne peuvent se croiser sans sourire ; il semble qu'une partie de l'élite romaine cultivée partageait ce scepticisme, ce qui n'en faisait pas des anticléricaux, puisqu'ils occupaient eux-mêmes, bien souvent, ce genre de fonctions. On distinguait entre ce qu'on faisait pour la tradition et l'image publique, et ce qu'on pensait en son for intérieur ou dans les discussions philosophiques. D'après la légende, quand un amiral romain, vexé par les mauvais augures précédant une bataille, jeta par-dessus bord les poulets sacrés, il ne fit pas l'objet d'une condamnation humaine : les dieux se chargèrent de lui faire perdre aussitôt la bataille en question. Comme le rappelle le spécialiste John Scheid, les délits religieux ne peuvent être commis que par la cité tout entière, quand est rompue la « paix des dieux » régnant entre les divinités et Rome elle-même. Si aucun prodige ni aucun désastre ne se produit après une impiété, on oublie bien vite cette dernière. « Sur le plan personnel l'impiété n'existe pas ; l'infraction religieuse n'existe que sur le plan communautaire. »

Aussi ne trouve-t-on d'ailleurs pas, à Rome, d'équivalent au terme de « blasphème », mot grec apparu dans la littérature biblique et signifiant d'abord « diffamation ». Dans la Bible, Jésus est condamné pour blasphème par les milieux pharisiens, parce qu'il se dit fils de Dieu et pardonne les péchés à sa place. Le prédicateur Étienne est accusé, un peu plus tard, d'avoir prononcé « des paroles insultantes contre Moïse et contre Dieu ». Dans le monde païen, en revanche, on peine à trouver un exemple équivalent. Certes, dans le *Satiricon*, un esclave est crucifié « parce qu'il avait dit du mal du génie protecteur de son maître Gaius ». Mais le génie protecteur, qui n'est même pas un ange gardien, n'est pas une divinité transcendante : en fait, l'esclave n'a commis qu'une insulte *ad hominem*. C'est suffisant pour le crucifier, mais cela ne constitue pas une injure religieuse. Dans la vie quotidienne, on pouvait bien reprocher à quelqu'un ses paroles de mauvais augure, mais il s'agit plutôt de superstition du genre « chat noir » que d'outrage aux dieux : les personnages de Plaute se disent souvent « *bene dicite* » (« parlez de bon augure »), mais ces préventions n'ont pas grand-chose à voir avec l'injure divine.

De manière générale, la religion romaine reposait donc beaucoup plus sur la réalisation correcte de gestes et de rites hérités des ancêtres que sur la réflexion théologique ou la foi personnelle. Elle était tatillonne, procédurière et superstitieuse; elle reposait sur le respect méticuleux de pratiques dont on avait parfois oublié la signification. Son premier rôle était d'assurer la stabilité de la société, à la fois entre ses membres à un instant *t*, et à travers les générations. Forcément, un rapide progrès technologique aurait menacé cette confiance dans la sagesse des anciens. Avant la révolution industrielle, on apprenait un métier en interrogeant les vieux, car ils avaient une longue carrière d'expérience derrière eux. Aujourd'hui, la rapidité des changements techniques rend ce mode de transmission du savoir obsolète. Que peut demander un nouveau travailleur dans un métier informatisé à quelqu'un qui a réalisé l'essentiel de sa carrière sans ordinateur ? Le savoir des anciens était, il y a encore deux siècles, une ressource précieuse et irremplaçable; c'est de moins en moins le cas, en tout cas en apparence. Il y a, évidemment, des sagesses intemporelles, et leur survie à travers les siècles est la preuve, par sélection naturelle, de leur pertinence. Mais des milliers de petites connaissances deviennent obsolètes trop vite pour qu'on reconnaisse aujourd'hui, comme jadis, une place de choix à la « coutume des ancêtres », ce que les Romains appelaient le *mos majorum*.

Il n'empêche que certains traits de la société romaine auraient pu se transposer sans difficulté dans un monde post-industriel. C'est particulièrement le cas dans le domaine de la santé et de la génétique. Platon, dans *La République*, envisage une forme d'eugénisme, en affirmant que le dieu médecin, Asclépios, refusait de prolonger la vie des hommes atteints par des maladies profondes ou de vices nuisant à leur santé :

> « Il n'a point tenté de prolonger leur vie misérable par un lent traitement d'infusions et de purgations, et de les mettre dans le cas d'engendrer des enfants destinés probablement à leur ressembler ; il n'a point pensé qu'il fallût soigner un homme incapable de vivre dans le cercle de devoirs qui lui est fixé, parce que de cela ni le malade lui-même ni la cité ne tirent profit. »

À quoi Platon ajoute qu'Asclépios, en ce sens, était un véritable politique. Les Spartiates des Vᵉ et IVᵉ siècles avant J.-C. le pratiquaient de manière très assumée, inquiets qu'ils étaient du faible nombre de citoyens en comparaison de leurs esclaves et de leurs ennemis. Les enfants faibles étaient abandonnés, les citoyens vigoureux encouragés à engendrer plus d'enfants. Xénophon, un Athénien qui avait un faible pour le régime spartiate, déclarait « qu'avec un système si contraire à tout autre pour la reproduction de l'espèce, je fais juge qui voudra s'il a donné à Sparte des hommes supérieurs en force et en stature ». Les Romains n'étaient pas aussi systématiques dans leur conception de la famille et du lignage. Mais ils n'avaient guère d'hésitations avant d'abandonner un nouveau-né. Une loi légendaire de Romulus, rapportée par Denys d'Halicarnasse, imposait à tout parent d'élever ses enfants sauf s'il était jugé que l'enfant était « infirme ou monstrueux ». Sénèque indique encore qu'à son époque, « on étouffe les monstres à leur naissance; on noie même ses propres enfants trop débiles ou difformes ». Certains dictons et certaines légendes font même écho à la pratique de tuer les sexagénaires, quoique celle-ci ne soit pas attestée dans les faits. On peut donc facilement imaginer que, dotés d'une technologie plus avancée, les Romains auraient pratiqué un eugénisme sans complexe.

Terminons avec une question tout aussi difficile mais encore plus délicate à trancher : une société devient-elle moralement plus libérale à mesure qu'elle accueille plus de technologie ? On peut penser que certaines inventions tendent à donner aux individus plus de pouvoir sur leur propre vie, ce qui aurait nécessairement pour conséquence de les extraire d'une domination sociale ou politique trop pesante ; d'un autre côté, bien sûr, les totalitarismes savent très bien utiliser la technique pour renforcer leurs moyens de contrôle. Si l'on suit Francis Fukuyama, la combinaison du progrès technique et de la passion humaine pour la reconnaissance tend nécessairement à abattre les tyrannies et à instaurer des démocraties libérales. Il ne s'agit pas d'une croyance mystique, mais d'une forme d'évolution naturelle et mécanique :

> « La technologie rend possible une accumulation illimitée de ressources, et donc la satisfaction d'un ensemble toujours plus large de désirs humains. Ce processus garantit une homogénéisation progressive de toutes les sociétés humaines, indépendamment de leurs origines historiques et de leurs héritages culturels. Tous les pays qui subissent la modernisation économique doivent de plus en plus se ressembler ; ils doivent s'unifier nationalement autour d'un État centralisé, s'urbaniser, remplacer des formes d'organisation sociale traditionnelles comme la tribu, la secte ou la famille par des formes économiquement rationnelles fondées sur la fonction et l'efficacité, et prodiguer une éducation à tous leurs citoyens. »

L'évolution récente du régime chinois peut laisser douter de la réalité d'un tel phénomène ; pourtant, même sous ce régime, la situation des femmes, par exemple, est sans doute meilleure et plus libre qu'elle ne l'était il y a deux siècles. L'avenir dira si ce mécanisme continuera dans le même sens.

Reste que les évolutions rapides d'une société sous l'effet du progrès technologique suscitent aussi de profondes réticences dans certaines parties de la population. Il est remarquable de voir que, dès l'Antiquité, la technicisation du monde rencontrait ses détracteurs, notamment chez les philosophes attachés à l'idée d'une fragile harmonie à préserver dans la nature et l'univers. L'écologie passe pour une idée propre à notre époque, mais elle ravive en réalité des comportements et des réflexes que les agriculteurs et les sociétés humaines anciennes connaissent depuis la préhistoire. Qu'est-ce que l'écologie, réduite à sa plus simple expression ? C'est savoir gérer les ressources limitées offertes par la nature. Les sociétés humaines anciennes ont toujours eu cet impératif en tête. Pas à l'échelle de la planète, bien sûr, mais à l'échelle d'un écosystème local. Les pouvoirs publics savaient que les terres fertiles étaient en nombre limité, et qu'il y a ce qu'on appelle des rendements décroissants dans l'expansion agricole. À force de trop s'étendre, la société risquait de manquer de nouvelles terres. La comparaison ne se limite pas à l'agriculture. Sénèque l'Ancien se plaignait : « Pour satisfaire l'amour du luxe, on arrache aux montagnes toutes sortes de pierres et partout on abat les forêts ; le cuivre, le fer et même l'or sont employés dans la construction et la décoration des maisons : on ne le fait peut-être que pour passer les jours et les nuits dans l'attente angoissante d'un écroulement ou d'un incendie. » Son fils se moquait de ce qu'on pourrait appeler des « bobos romains », qui croient vivre à la campagne parce qu'ils ont végétalisé leur balcon : « Ne vivent-ils pas au rebours de la nature, ceux qui plantent des vergers sur la plateforme des tours, les propriétaires d'immeubles sur les toits desquels se balancent des bosquets ? » C'est probablement, d'ailleurs, l'ancienneté de cette mentalité qui explique son succès actuel ; si l'écologie avait constitué un véritable changement de paradigme, elle aurait été plus difficile à faire accepter.

Le plus étonnant des défenseurs de la nature antiques est sans doute le présocratique Empédocle. Né d'une grande famille sicilienne au Ve siècle avant J.-C., Empédocle fut une figure charismatique et extravagante, tout à la fois savant admiré et mystique aux tendances sectaires. Il se promenait dans les rues avec des robes de pourpre et des ceintures d'or, entouré d'esclaves. Il se préoccupait du sort des pauvres et militait pour la démocratie. Mais il est surtout l'auteur de deux poèmes philosophiques dont il ne reste que des fragments, *Les Purifications* et *La Nature*. Il y développait une théorie holiste et cyclique de l'univers, où quatre éléments — l'eau, la terre, l'air et le feu — vivent alternativement en harmonie ou dans le chaos, sous l'effet de deux forces contraires, l'amour et le conflit. Cette cosmologie était liée à une théorie morale fondée sur la réincarnation, dépendant des bonnes ou des mauvaises actions commises par les individus. Quand l'amour prédomine, des époques d'harmonie permettent la vie. Quand le conflit finit par l'emporter, c'est le chaos qui s'installe. La vie sur terre était donc perpétuellement menacée, dans son système, par l'inéluctabilité d'une destruction, suivie d'une renaissance.

De ce point de vue, l'œuvre d'Empédocle, moins philosophique que spirituelle, voire religieuse, n'est pas sans rappeler les théories des collapsologues actuels, ces écologistes radicaux qui prédisent et parfois espèrent l'effondrement du monde. Empédocle considérait, comme certains d'entre eux, que l'univers est relié par la même âme, ou le même souffle. C'est pourquoi, comme beaucoup d'écologistes actuels, c'était aussi un végétarien, qui interdisait de tuer et de manger les animaux, puisque « tous les êtres, par la volonté de la fortune, sont doués d'intelligence » (*Fragments*, 103). Il inventa même de la viande de substitution, et faute de tofu, proposa aux spectateurs des Jeux olympiques, à la place d'un sacrifice animal, un faux bœuf fait de myrrhe, d'encens et d'aromates (anecdote racontée par Athénée, I, 5). Là où il passait, Empédocle rassemblait de petits cercles d'admirateurs zélés, mais aussi de l'opposition à ses discours. Il l'affrontait avec la certitude d'avoir raison. « Je sais que la vérité réside dans les paroles que je vais prononcer, mais elle est difficile pour les hommes, et ils sont défiants de l'assaut de la foi sur leurs âmes » (*Fragments*, 114). Sans doute aurait-il été un militant de la préservation de l'environnement, s'il avait connu les conséquences de la société industrielle.

CHAPITRE 3

▲ Un esclave au travail, l'une des premières photographies romaines, anonyme, IIIe siècle, Bibliothèque nationale de France.

DES ESCLAVES AUX ROBOTS

Le développement de technologies avancées conduisit au lent abandon de l'esclavage dans l'Empire romain. À mesure que les machines et l'automatisation se répandaient dans les villes et les provinces, les Romains réalisèrent qu'ils n'avaient plus besoin d'esclaves pour effectuer de nombreuses tâches qui étaient auparavant effectuées par des êtres humains. Il n'y eut pas de déclaration d'abolition ni de grand soir de la liberté. Simplement, au fil du temps, les Romains commencèrent à libérer leurs esclaves, devenus trop chers à entretenir au regard des revenus qu'ils apportaient, et à leur permettre de travailler contre un salaire, ou à leur fournir des terres et d'autres ressources qui leur permettraient de vivre de manière indépendante. Progressivement, certains commencèrent à remettre en question l'éthique même de l'esclavage et jusqu'à la nécessité du travail humain. Ils considéraient les esclaves comme des personnes capables de penser intelligemment et de prendre des décisions, et appelaient à reconnaître que les esclaves étaient traités injustement et sans respect. Ce ne fut pas un combat facile à mener. Aux origines de la révolution industrielle romaine, les esclaves restaient nécessaires pour faire tourner les usines, et subissaient des conditions de travail souvent plus dures qu'auparavant, et comparables au pire de ce qu'ils avaient connu dans les anciennes mines de fer. C'étaient eux qui étaient victimes des nombreux accidents causés par les machines et les lignes de production, c'étaient eux qui supportaient la chaleur et l'humidité des manufactures. La dureté de ces conditions obligea, pour prévenir les révoltes, à séparer plus qu'auparavant les vies des hommes libres et des esclaves. Les esclaves vivaient dans des quartiers séparés des citoyens libres, où ils étaient soumis à des lois strictes et des peines sévères. La plupart d'entre eux n'avaient jamais connu la liberté et étaient nés, vivaient et mouraient en esclavage. Dans les quartiers pauvres et les usines, certains parvenaient à se rassembler en secret pour discuter de la possibilité de se révolter contre leurs maîtres. Ils écoutaient les discours des orateurs abolitionnistes, lisaient des livres interdits et se partageaient des histoires de révoltes réussies dans d'autres parties de l'Empire.

Finalement, un groupe d'esclaves décida de passer à l'action à Rome même, en 162 après J.-C. Ils organisèrent une révolte massive, avec des esclaves de différentes usines et mines se levant simultanément pour affronter leurs maîtres. La révolte prit les forces de l'ordre par surprise, et les esclaves réussirent à prendre le contrôle de plusieurs quartiers et usines avant que les gardes ne puissent réagir. Pendant les semaines qui suivirent, la révolte se propagea dans tout l'Empire. Des combats violents éclatèrent dans les rues des villes, et les esclaves se battirent avec courage et détermination. La rébellion fut finalement réprimée par les légions, qui utilisèrent des armes lourdes et des tactiques brutales pour mettre fin aux combats. Des milliers d'esclaves furent tués ou capturés, et les survivants furent réprimés avec encore plus de sévérité que par le passé. Mais la révolte de 162 ne fut pas sans effet. Malgré son échec, les esclaves avaient prouvé qu'ils étaient prêts à se battre pour leur liberté. L'événement avait semé la peur dans le cœur des maîtres, et des abolitionnistes continuèrent à lutter pour mettre fin à l'esclavage dans l'Empire. Beaucoup de propriétaires d'usines s'efforcèrent de ne pas reposer sur le travail servile, ce qui accéléra le mouvement d'automatisation de l'économie romaine.

L'un des personnages clés de cette transition fut Caius Syriacus, un ingénieur et inventeur romain réputé pour ses compétences et son ingéniosité. Déterminé à trouver un moyen de remplacer les esclaves par des machines, Syriacus passa des années à travailler sur une série de prototypes qui, selon lui, seraient capables d'effectuer le travail des esclaves de manière plus efficace. L'une des inventions les plus importantes de Syriacus était un robot électrique qu'il appela le *Servus Automatus*. Le Servus Automatus était une merveille d'ingénierie, avec un système complexe d'engrenages, de leviers

▸ Exemplaire de luxe d'un *Servus Automatus* finitions d'ivoire, IIIe siècle, British Museum

et de poulies qui lui permettait d'effectuer un large éventail de tâches. Il pouvait creuser des fossés, transporter de lourdes charges, et même s'occuper des cultures et du bétail, le tout sans intervention humaine. À mesure que l'invention de Syriacus s'affinait, les derniers défenseurs de l'esclavage perdaient pied ; on leur montrait que les robots pouvaient travailler sans relâche et sans se plaindre, et qu'ils pouvaient être facilement entretenus et réparés.

Comme le dit Syriacus : « Le Servus Automatus n'a peut-être pas le même esprit qu'un esclave humain, mais il est un bien meilleur serviteur pour l'Empire. » Certains esclaves profitèrent de leur nouvelle liberté pour gravir les échelons de la société. D'autres, nombreux, n'eurent pas cette chance et furent contraints de concurrencer les robots pour les emplois et les ressources. Un cliché des comédies de cette époque représente l'ancien esclave privé de travail et de revenu par les robots, comme dans la célèbre comédie inspirée de Plaute, par un auteur anonyme, le *Dominus et Servus*.

Dans cette farce, l'esclave est fou de joie lorsque son maître décide de le remplacer par un robot. L'esclave est enfin libéré de ses obligations et a hâte de profiter de sa liberté retrouvée. Cependant, les choses ne se passent pas tout à fait comme prévu pour l'esclave. Il découvre rapidement qu'il n'a pas de compétences monnayables et est incapable de trouver un nouvel emploi. L'esclave se retrouve désemparé, incertain de ce qu'il doit faire de sa vie maintenant qu'il n'est plus un esclave. Il erre dans les rues, essayant de trouver du travail, mais est constamment rejeté par les employeurs potentiels. Frustré

◀ *Servus Automatus* de seconde génération, début du IVe siècle, Metropolitan Museum of Art.

et confus, l'esclave commence à se sentir comme un fardeau pour la société. Pendant ce temps, le maître qui a remplacé l'esclave par un robot a des doutes. Le robot n'est pas aussi efficace ou polyvalent que l'esclave, et le travail acharné et la loyauté de l'esclave commencent à manquer au maître. Le maître commence à regretter sa décision de remplacer l'esclave et se met à sa recherche, dans l'espoir de trouver un moyen de le faire revenir. Au fur et à mesure que la farce progresse, les efforts de l'esclave pour trouver un nouvel emploi deviennent de plus en plus comiques. Il s'essaie à divers emplois, de la vente de fruits dans la rue à la représentation théâtrale, mais semble toujours échouer lamentablement. La recherche de l'esclave par le maître devient également de plus en plus absurde, car il demande l'aide de divers personnages excentriques, dont un détective maladroit et une courtisane pleine de sagesse. À la fin, l'esclave et le maître sont réunis, et l'esclave a une seconde chance de faire ses preuves. La farce se termine heureusement, car l'esclave et le maître apprennent tous deux de précieuses leçons sur la valeur du travail acharné et l'importance d'apprécier ceux qui nous entourent.

La popularisation des robots ne fut possible qu'avec les premiers progrès de l'informatique. Le premier ordinateur romain, au IVe siècle, était un grand appareil encombrant, fait d'engrenages en bronze et en fer, avec une série de boutons et de leviers à l'avant pour entrer des instructions. Il était alimenté par un système de roues à eau et d'engrenages et était utilisé pour des calculs complexes et la tenue de registres. Les Romains appelaient leur ordinateur *abacus mechanicus*, car il s'agissait d'une version

▸ *Abacus mechanicus*,
milieu du IVe siècle, collection privée.

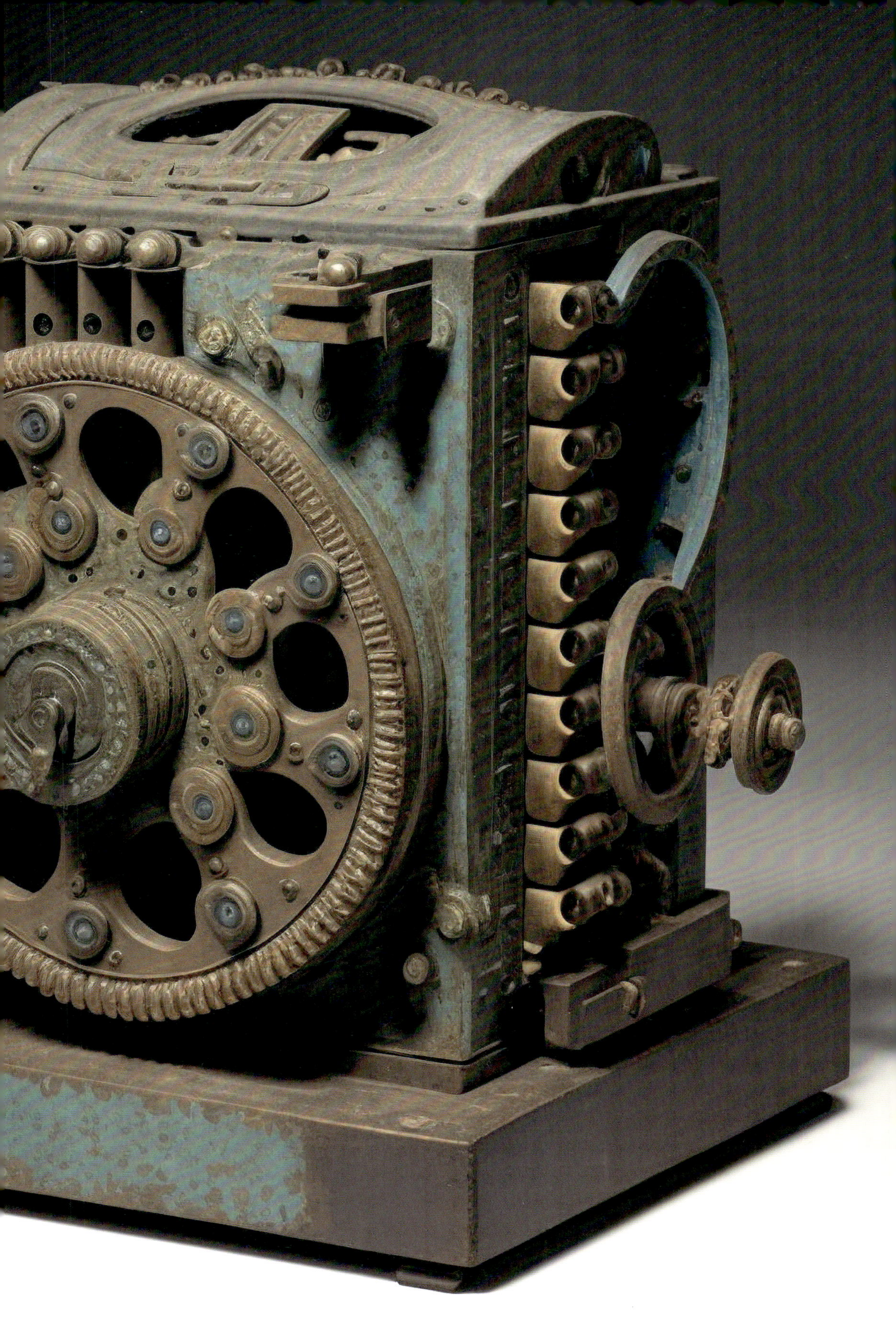

avancée de l'abacus, ou boulier. L'abacus mechanicus était beaucoup plus performant qu'un simple boulier, car il était capable d'effectuer un large éventail d'opérations mathématiques, notamment des multiplications, des divisions et des racines carrées. L'abacus mechanicus était utilisé par les savants, les mathématiciens et les stratèges militaires romains pour effectuer des calculs complexes et faire des prédictions précises. Il était un outil indispensable pour aider les Romains à maintenir leur vaste empire, car il leur permettait de suivre leur vaste réseau de routes, d'aqueducs et d'autres infrastructures. L'abacus mechanicus était un appareil difficile à utiliser, qui nécessitait une formation et une expertise approfondies. Seuls les individus les plus compétents et les mieux informés étaient capables de l'utiliser au maximum de ses capacités, ce qui en faisait un outil précieux et convoité dans la Rome antique.

L'inventeur du premier ordinateur était un mathématicien grec nommé Aristarque de Samos. Aristarque était un érudit et un inventeur renommé, connu pour ses nombreuses inventions et innovations. Il était très apprécié par ses pairs pour son intelligence et son ingéniosité. Aristarque eut l'idée de créer l'abacus mechanicus après avoir observé les dispositifs mécaniques complexes utilisés pour les calculs astronomiques. Il vit qu'un tel dispositif pouvait être utilisé à des fins très diverses et il passa de nombreuses années à développer et à affiner sa conception. Quand la machine fut prête, Aristarque présenta son invention au Mouseion d'Alexandrie, où elle fut accueillie avec stupéfaction et enthousiasme. L'abacus mechanicus fut salué comme un nouvel appareil

◂ Second modèle de l'ordinateur d'Aristarque, fin du IVe siècle, Musée national archéologique d'Athènes.

révolutionnaire et devint rapidement un outil indispensable pour les érudits, les mathématiciens et les stratèges militaires. Malgré ses nombreuses utilisations, l'abacus mechanicus restait un appareil difficile et complexe à manier, et seuls les individus les plus compétents et les mieux informés étaient capables de l'utiliser à son plein potentiel. Aristarque devint un professeur très recherché, et il passa de nombreuses années à former d'autres personnes à l'utilisation de son invention. Aujourd'hui, Aristarque de Samos est considéré comme le père de l'informatique, et son invention continue d'être célébrée comme l'une des innovations les plus importantes de l'histoire des mathématiques et de l'ingénierie.

Au fil des ans, les Romains continuèrent à développer et à améliorer leur technologie informatique. Au fil du temps, l'abacus mechanicus devint plus petit et plus portable, ce qui lui permit d'être utilisé dans un plus grand nombre de contextes. Les Romains commencèrent à intégrer de nouveaux matériaux, tels que le verre et la céramique, dans leurs conceptions, rendant les appareils plus durables et plus fiables. L'un des développements les plus significatifs de la technologie informatique romaine fut la création de la *tabula calculans*, un appareil portable en bronze, tenu à la main, capable d'effectuer un large éventail d'opérations mathématiques. Elle était suffisamment petite pour être transportée facilement et permettait aux utilisateurs d'effectuer des calculs complexes en déplacement.

La tabula calculans devint un outil populaire parmi les érudits, les marchands et les commandants militaires romains, et elle était largement utilisée à des fins

▸ Distributeur automatique du IIIe siècle, Ostia antica.

AUTOPOPINA

diverses. Certains l'utilisaient pour calculer les taxes et les prix du commerce, tandis que d'autres s'en servaient pour planifier des campagnes militaires et garder la trace de leurs troupes. Les versions ultérieures étaient dotées d'un écran tactile qui permettait aux utilisateurs de saisir des instructions et d'accéder à diverses applications. Elles étaient alimentées par une petite batterie rechargeable et pouvaient être facilement transportées dans une poche ou un sac.

L'utilisation généralisée de la tabula eut un impact significatif sur les tendances de la mode. Les gens devenant de plus en plus dépendants de leurs tabulæ, les vêtements et accessoires conçus pour accueillir et protéger ces appareils devinrent de plus en plus populaires. Les vêtements dotés de poches ou d'étuis intégrés pour les tabulæ, ou les sacs à main et porte-monnaie spécialisés pouvant contenir et recharger les appareils, devinrent à la mode aux dépens de la toge et de la tunique, qui restèrent des tenues pour les grandes occasions. Les gens étant de plus en plus connectés et capables d'accéder à un plus large éventail d'informations et d'idées, ils furent en outre davantage influencés par les tendances de la mode impériale, et moins liés par les styles et coutumes traditionnels de leurs communautés locales. Cela conduisit à une gamme à la fois plus unifiée et plus diversifiée de styles de mode, les gens adoptant des modèles nouveaux et innovants du monde entier, mais s'imitant tous les uns les autres.

Le plus grand accomplissement de la science romaine fut, bien sûr, le projet Séléné, au ve siècle. Les Romains ont toujours été fascinés par les étoiles, et leur fascination

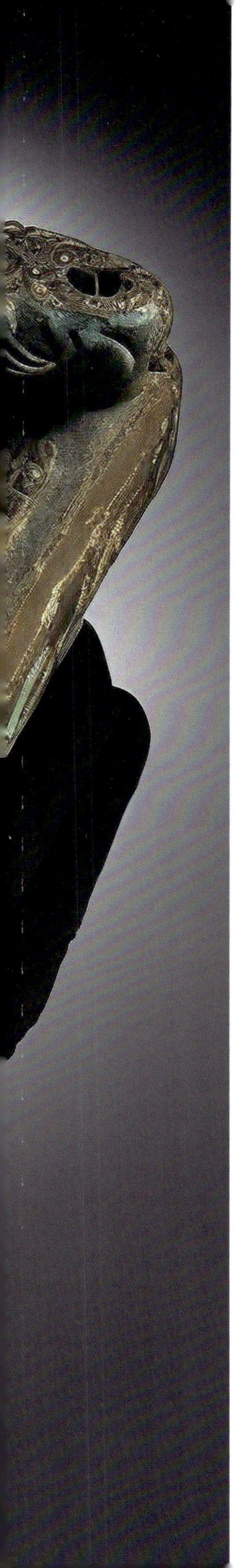

◂ *Tabula calculans* patricienne,
avec sa coque de protection encore visible,
ive siècle, Musée national romain.

n'avait fait que croître à mesure qu'ils développaient des technologies plus avancées. Il n'est donc pas surprenant qu'ils aient jeté leur dévolu sur la Lune. Le voyage était difficile et dangereux, mais les Romains étaient déterminés à réussir. Après des années de planification et de préparation, ils lancèrent finalement leur première mission lunaire.

Le vaisseau spatial, baptisé *Luna I*, était un exploit d'ingénierie. Il était propulsé par de puissants moteurs et équipé d'un système de navigation sophistiqué et d'un bouclier protecteur pour résister aux conditions difficiles de l'espace. Alors que le *Luna I* faisait son chemin vers la Lune, les ingénieurs impériaux retenaient leur souffle. Ils observèrent avec anxiété le vaisseau spatial entrer dans l'orbite de la Lune et commencer sa descente vers la surface lunaire. Enfin, dans un puissant mais inaudible rugissement, le *Luna I* se posa avec une admirable précision. Sur terre, les Romains applaudirent.

« C'est un moment historique pour l'Empire romain », déclara Postumus Cæsar, l'empereur de l'époque. « Nous avons atteint la Lune, et il n'y a désormais aucune limite à ce que nous pouvons accomplir. »

Les astronautes romains ne perdirent pas de temps pour explorer la Lune. Ils installèrent une colonie, appelée Augusta Ad Astra, et commencèrent à mener des expériences et à recueillir des données. Ils découvrirent même un nouveau type de roche, qu'ils appelèrent *lunarium*. Lucius Stellaris, le premier astronaute à toucher le sol lunaire et qui y trouva son surnom, reçut des hommages à travers tout l'Empire, et laissa, gravé sur des centaines de plaques de marbre, le souvenir de son expédition :

▸ *Jeune romaine utilisant sa* tabula, fresque du IVe siècle, Musées du Capitole.

Moi, Lucius Stellaris, j'ai été le premier astronaute romain à poser le pied sur la Lune. C'était un événement capital, pas seulement pour moi, mais pour tout l'Empire romain. Je suis né dans une famille pauvre de la ville de Rome, mais dès mon plus jeune âge, j'ai rêvé d'explorer les étoiles. J'ai rejoint l'armée romaine quand j'étais jeune et j'ai rapidement gravi les échelons grâce à mon intelligence et à ma détermination. Lorsque j'ai été choisi pour faire partie de l'équipe qui s'embarquerait pour la première mission lunaire, je savais que c'était une occasion unique et j'étais déterminé à en tirer le meilleur parti. Le voyage vers la Lune a été long et difficile, mais je suis resté concentré et dévoué. Alors que le vaisseau spatial *LunaI* s'envolait dans le ciel, j'ai ressenti un mélange d'excitation et de peur. «Je suis le premier Romain à poser le pied sur la Lune», ai-je dit dans la radio. «Mais je sais que je ne suis pas le dernier. Les Romains continueront à explorer les étoiles et à repousser les limites du possible.» Mes collègues astronautes et moi avons passé plusieurs jours sur la Lune, à mener des expériences et à recueillir des données. Nous avons même établi une colonie. Lorsque le moment est venu de revenir sur Terre, j'étais triste de laisser la Lune derrière moi, mais je savais que j'avais accompli quelque chose d'historique, et j'étais fier d'en faire partie.

▸ *Statue honorifique de Lucius Stellaris,*
Ve siècle, site archéologique de Pompéi.

Le commentaire de l'historien

On y pense peu, mais les Grecs et les Romains connaissaient les robots et les machines. Ce n'est pas une invention de la science ou de la science-fiction moderne. Ils en avaient imaginé les contours et les possibilités, et en avaient conçus des exemplaires. Il leur manquait la source d'énergie suffisante pour en faire des acteurs utiles de l'économie et de la société ; mais on ne peut qu'imaginer ce qu'ils en auraient fait s'ils y avaient eu accès.

Les Anciens auraient-ils pu inventer des robots ? À cette question, nous pouvons apporter une réponse sans équivoque : oui, car ils l'ont imaginé, et l'ont même fait.
Aristote, dans une vision prophétique, assimilait les esclaves à des machines automatiques, qu'il ne connaissait pourtant pas : « Si chaque instrument était capable, sur une simple injonction, ou même pressentant ce qu'on va lui demander, d'accomplir le travail qui lui est propre [...], si les navettes tissaient d'elles-mêmes, et les plectres pinçaient tout seuls la cithare, alors, ni les chefs d'artisans n'auraient besoin d'ouvriers, ni les maîtres d'esclaves » (*La Politique*, I, 4). Le dramaturge Cratès imaginait, dans sa pièce *Les Brutes*,

citée par Athénée, un dialogue entre un inventeur utopiste et un sceptique :

> « Personnage A : En outre, personne ne possédera aucun esclave, homme ou femme.
> Personnage B : Ainsi, un vieillard devra se servir lui-même ?
> Personnage A : Point du tout ; je ferai marcher tout le service sans qu'on y touche.
> Personnage B : Quel intérêt ?
> Personnage A : Chaque pièce de mobilier approchera d'elle-même lorsqu'on l'appellera : il n'y aura qu'à dire : "Table, dresse-toi, couvre-toi ; Pétrin, pétris ; gobelet, remplis-toi ; coupe, où es-tu ? rince-toi bien." »

Athénée indique que dans la comédie grecque classique, c'était devenu un cliché comique que d'envisager les objets fonctionnant par eux-mêmes. Mais il ne s'agissait pas seulement de l'imagination débordante des écrivains. Les Grecs avaient construit de véritables robots, semblables aux automates de Vaucanson. Sous Ptolémée II, on sait qu'il y eut « une statue de Nysa qui se levait avec un mécanisme sans que personne ne la touche, qui versait du lait depuis une coupe dorée, et se rasseyait. » Les cours hellénistiques étaient remplies de ces *automata*, qui étaient du dernier chic. Mais on ne peut parler de mécanisation et d'automatisation sans mentionner les utilisations plus concrètes et quotidiennes de machines par les Anciens, que la recherche récente a permis de mieux connaître. Contre l'idée d'une stagnation technologique dans l'Antiquité, suggérée par des savants comme Moses Finley dans les années 1960, des chercheurs ont fait remarquer qu'en réalité, l'innovation technologique a bien suivi son cours durant toute la période, qui a vu, de l'époque hellénistique à l'Empire romain, le perfectionnement des moulins à eau, de nouvelles formes de presses à huile et à vin, le perfectionnement des techniques du verre, la fabrication en chaîne de poteries, et même des outils de forage automatiques dans les mines — on a retrouvé des traces d'utilisation de marteaux à répétition mécanique datant du IIe siècle de notre ère dans des mines d'Espagne. Les moulins à eau de Barbegal, près d'Arles, représentaient, à notre connaissance, ce qu'un chercheur décrit comme « la plus grande concentration de puissance mécanique du monde antique » (Kevin Greene), avec deux séries de huit roues produisant suffisamment de farine pour 12 500 habitants. Il est vrai que les écrivains grecs et romains y font peu attention dans les textes que nous avons conservés ; mais cela doit sûrement beaucoup à la conception antique du travail.

La Grèce et Rome sont souvent invoquées comme des modèles par ceux qui jugent excessive l'importance accordée au travail dans nos sociétés. À une conception moderne qui valoriserait l'effort plutôt que la paresse, on oppose ainsi une conception antique qui aurait préféré le loisir au labeur, jugé servile et méprisable. La philosophe Dominique Méda, spécialiste de la question, écrit par exemple que « l'époque grecque représente une sorte d'idéal-type des sociétés dans lesquelles le travail n'est pas glorifié, au nom du développement d'autres activités », et que « l'Empire romain persiste, sur le modèle grec, à le mépriser » (*Le Travail. Une valeur en voie de disparition* ?, 1995).

Mais cette distinction est-elle si pertinente qu'elle en a l'air ? Méprisait-on à ce point les travailleurs en Grèce et à Rome ?

Les sociétés antiques étaient-elles vraiment un paradis du farniente, où l'on ne valorisait que le temps libre, dédié aux arts et à la sagesse ?
La principale indication sur la dévalorisation du travail dans l'Antiquité vient d'Hérodote, qui rapporte que « chez la plupart des barbares, ceux qui apprennent les arts mécaniques, et même leurs enfants, sont regardés comme les derniers des citoyens ; au lieu qu'on estime comme les plus nobles ceux qui n'exercent aucun art mécanique, et principalement ceux qui se sont consacrés à la profession des armes. Tous les Grecs ont été élevés dans ces principes, et particulièrement les Lacédémoniens : j'en excepte toutefois les Corinthiens, qui font beaucoup de cas des travailleurs manuels » (*Histoires*, II, 177). Plus que les réflexions de Platon ou d'Aristote, qui ne reflètent que leurs avis philosophiques personnels, cette remarque est révélatrice, car Hérodote parle des Grecs en général, en ethnologue. On peut confirmer, grâce à lui, qu'il y avait bien un mépris du travail en Grèce. Mais lequel ? Hérodote ne parle pas du travail en général (d'ailleurs, aucun mot grec ne traduit l'ensemble des sens que nous attribuons au terme « travail »), mais d'une certaine forme de labeur manuel. En fait, il ne s'agit que des artisans. Or l'artisanat ne représentait qu'une petite partie de l'économie antique et même de ce que nous considérons aujourd'hui comme du travail.
D'abord, comme le remarque Hérodote lui-même, les arts mécaniques étaient opposés à la profession des armes. On parle parfois du statut de soldat dans l'Antiquité comme s'il ne s'agissait pas d'un travail. Or c'en est un, au sens propre, qui n'implique pas que des combats : sur la colonne Trajane, on voit les légionnaires, c'est-à-dire l'élite de l'armée romaine, réaliser principalement des travaux du génie (construction

de ponts, fortification de camps, etc.), tandis que le corps-à-corps est laissé aux auxiliaires. Dans ce contexte, c'est l'effort manuel qui est valorisé, encore plus que le courage guerrier. La différence avec l'artisanat, c'est qu'ici le labeur physique sert l'intérêt général, et non le profit personnel.

Ensuite et surtout, la dévalorisation du travail manuel décrite par Hérodote ne concerne pas le travail agricole. Or c'est de loin la forme majoritaire de travail dans les civilisations anciennes. Il est d'ailleurs difficile d'imaginer une société frappant d'infamie une activité mobilisant près de 90 % de ses membres ! De fait, pour Aristote, parmi les activités humaines, « l'agriculture est la plus honnête des occupations, car elle n'exploite pas les hommes, ni contre salaire, comme les taverniers et les mercenaires, ni par obligation, comme les soldats. C'est aussi une occupation naturelle » (*Économique*, II). Ailleurs, il fait des peuples agriculteurs les plus propres à exercer la démocratie. Si, dans son régime politique idéal, il exclut les paysans de la citoyenneté, ce n'est pas parce que leur occupation serait méprisable (alors qu'il ne se prive pas de le dire s'agissant des marchands et des artisans), mais parce qu'elle ne leur laisse pas le temps de s'occuper des affaires de la cité (*Politique*, VII). Xénophon considère d'ailleurs que l'agriculture est une saine activité, qui profite à celui qui l'exerce : « Le soin qu'on y apporte est une source de plaisir, de prospérité pour la maison, et d'exercice pour le corps, qu'elle met en état d'accomplir tous les devoirs d'un homme libre » (*Économique*, V). Au contraire, le travail artisanal est méprisable car « il ruine les corps des travailleurs en les obligeant à rester assis et dans l'ombre, parfois même à passer la journée auprès du feu. Les corps étant ainsi efféminés, les âmes aussi deviennent plus faibles ». Dans les mentalités romaines, l'agriculture occupe une place peut-être encore plus importante qu'en Grèce. Caton l'Ancien, dans son manuel agricole, déclare d'emblée que « lorsqu'ils voulaient louer un bon citoyen, les anciens lui donnaient les titres de bon agriculteur, de bon fermier : ces expressions étaient pour eux la dernière limite de la louange. Pour moi, j'admire un négociant actif, désireux d'accroître sa fortune ; mais, comme je l'ai dit, cette carrière est semée d'écueils et de périls. C'est parmi les cultivateurs que naissent les meilleurs citoyens et les soldats les plus courageux ; que les bénéfices sont honorables, assurés, et nullement odieux ». Ainsi, pour lui, le commerce n'est pas en soi méprisable : c'est seulement une activité risquée. L'agriculture reste néanmoins la plus noble des activités humaines, tout en étant la plus sûre.

Au total, la dévalorisation du travail artisanal était donc due à deux facteurs, l'un moral, l'autre hygiéniste : il n'était pas très bien vu de travailler en exploitant d'autres hommes, et surtout, les conditions de travail dans les ateliers et les manufactures étaient tout simplement mauvaises. Mieux valait travailler au grand air dans son champ, ou, pour ceux qui en avaient les moyens, s'adonner à des activités intellectuelles comme le droit, la politique, la littérature, la science ou la philosophie. Dans nos économies tertiarisées, nous ne sommes pas si éloignés de cette conception antique que nous pourrions le croire au premier abord : notre société non plus ne regarde pas d'un bon œil les travaux manuels répétitifs et pénibles, tandis qu'elle valorise les activités de l'esprit, la santé au travail, mais aussi ceux qui font le choix du « retour à la terre », paysans ou permaculteurs.

Il est vrai qu'en parlant d'agriculture, les auteurs anciens s'adressaient souvent au propriétaire agricole, et non à ses employés ou à ses esclaves, qui réalisaient l'essentiel du travail pénible. Mais cela ne signifie pas qu'ils privilégiaient l'oisiveté ou ne faisaient pas l'éloge de l'effort. Pour Hésiode, « c'est le travail qui multiplie les troupeaux et accroît l'opulence. En travaillant, tu seras bien plus cher aux dieux et aux mortels : car les oisifs leur sont odieux. Ce n'est point le travail, c'est l'oisiveté qui est un déshonneur ». Le fameux *otium* des aristocrates, cette oisiveté antique dont on parle souvent pour l'opposer à la passion moderne du travail, ne constitue pas un état de vacances perpétuelles. Si nous regardons leur agenda avec nos yeux de modernes, force est de constater que les riches et nobles romains ou grecs travaillent, s'occupent, vont et viennent à différentes activités politiques ou économiques. Les jeunes Cicéron ou Démosthène n'étaient pas forcément moins occupés que des avocats modernes. D'ailleurs, il est clair que même un propriétaire terrien n'était pas censé s'épargner tout travail. Si Xénophon vante les mérites de l'agriculture pour la condition physique, c'est bien que son cultivateur idéal réalise de réels efforts ; Caton dit de son côté que le propriétaire doit « surveiller tous les travaux, afin qu'il sache comment ils s'exécutent ; et que, sans se fatiguer, il paye souvent de sa personne. [...] Il n'aura pas autant de loisir pour se promener, mais sa santé sera plus robuste et son sommeil plus paisible ».

Même des philosophes aristocratiques comme Xénophon, Platon ou Aristote reconnaissaient la nécessité du travail manuel ou commercial, voire sa valeur, notamment quand il était spécialisé. Platon disait du commerçant : « Ne doit-on pas regarder comme un bienfaiteur tout homme qui distribue d'une manière uniforme et proportionnée des biens de toute espèce partagés sans mesure et sans égalité ? » (*Les Lois*, XI,

918ab). Il remarque plus loin que c'est la médiocrité grossière des gens qui pratiquent ces professions, et non ces professions elles-mêmes, qu'il faut regretter : si des hommes de bien les exerçaient, « nous verrions alors combien chacune d'elles est agréable et chère à l'humanité, et, si elles étaient exercées d'une manière raisonnable et incorruptible, elles seraient toutes honorées à l'égal d'une mère ou d'une nourrice ». Ce n'est pas le travail qu'il faut mépriser : c'est le mauvais exercice d'une profession.

On ne trouvait donc pas, en Grèce et à Rome, de mépris systématique contre le travail en soi. Si l'on veut chercher de vraies différences avec nos conceptions modernes, c'est ailleurs qu'il faut regarder. Dans l'Antiquité, le travail n'était ni plus ni moins valorisé qu'aujourd'hui ; en revanche, on ne lui attribuait pas les mêmes effets sociaux.

D'abord, rien, en Grèce ou à Rome, ne ressemble à ce que Max Weber a décrit dans *L'Éthique protestante et l'esprit du capitalisme* : nulle part on ne trouve chez les Anciens l'idée que le but de la vie serait d'accumuler des richesses par le labeur en se privant de tout loisir ou de toute distraction. Nulle part non plus on ne trouve l'idée que le travail permettrait de monter sur l'échelle sociale. Il peut être bénéfique pour la santé, pour la morale, il peut permettre de bien vivre, mais pas forcément de s'élever. Contrairement à un Américain, un Romain n'aurait pas eu l'idée de se vanter d'avoir réussi « par son travail ». Le plus proche qu'on puisse trouver du *self-made man* moderne est le personnage du riche Trimalcion, dans le *Satiricon* de Pétrone, qui déclare à ses invités : « J'ai été moi aussi pauvre comme vous l'êtes, mais grâce à ma valeur, je suis arrivé jusqu'ici. C'est notre petit cœur qui fait ce que nous sommes, le reste est négligeable. J'achète bien, je vends bien ; un autre vous dira peut-être autre chose, mais moi, je croule sous ma fortune » (*Satiricon*, 75). Ce n'est pas aux heures passées au travail qu'il croit devoir sa fortune, mais à son sens du négoce et à sa chance. Comme il le raconte ensuite, c'est à quelques opérations commerciales seulement qu'il a dû sa réussite, après des naufrages qui manquèrent de lui être fatals. Le parvenu romain n'est pas un entrepreneur inspiré qui, sans compter ses heures, a patiemment construit l'œuvre d'une vie, c'est plutôt un trader ayant fait quelques jolis coups avant de se retirer millionnaire.

Ensuite, la principale différence dans le rapport au travail entre l'Antiquité et nous est peut-être à chercher dans l'existence de la retraite. Du fait de la faible espérance de vie (qui, rappelons-le toujours, ne signifie pas qu'on devenait un vieillard ridé à 40 ans, mais qu'on avait moins de chances de ne pas tomber malade avant cet âge et donc de vivre vieux — il y avait des centenaires dans l'Antiquité), les Grecs et les Romains n'avaient pas ressenti le besoin de construire un système d'assurance vieillesse. Or l'absence de la démarcation que nous connaissons entre deux âges de la vie, l'un laborieux, l'autre oisif, impliquait forcément une conception radicalement différente du travail, qui n'était pas seulement un « mauvais moment à passer » avant la retraite, mais le lot de toute la vie. Ainsi Cicéron affirme-t-il, dans son livre sur *La Vieillesse* : « Je peux vous citer un grand nombre de [vieux] cultivateurs romains de la Sabine, mes voisins et mes amis, qui ne souffriraient pas qu'aucun des grands travaux des champs se fît sans eux, soit les semailles, soit la récolte, soit la rentrée des grains ou des fruits. » C'est une civilisation où l'on travaillait jusqu'à ce que mort s'ensuive, simplement parce qu'en général, la mort arrivait vite. Voilà, sans doute, ce qui est le plus étranger à nos yeux de modernes.

Se pose alors la question principale, à l'articulation de l'esclavage et de la robotisation : les esclaves ont-ils joué le rôle de robots dans l'économie antique, et ont-ils même empêché un développement encore plus rapide et massif des machines, par leur simple existence ?

Bien sûr, les anciens savaient que les esclaves étaient des hommes, d'autant que l'esclavage antique n'était pas fondé sur des distinctions d'ordre « naturel », mais sur des considérations juridiques et politiques. Reste qu'ils étaient, en droit, considérés comme des objets, des biens meubles susceptibles d'être vendus, achetés et mis à profit. Or, tout comme les machines aujourd'hui, les esclaves furent accusés de détruire des emplois. Ce phénomène fut particulièrement visible à partir de la fin du IIe siècle avant J.-C., dans l'Italie romaine où régnaient les grands propriétaires terriens :

> « Les terres et les troupeaux furent mis dans les mains d'agriculteurs ou de pasteurs de condition servile, afin d'éviter les inconvénients que le service militaire faisait courir sur les hommes libres. Cette ruse des propriétaires amena une augmentation énorme des esclaves, qui, puisqu'ils ne faisaient pas de service militaire, se multipliaient à leur aise. Le résultat fut que les riches devinrent plus riches et les pauvres plus pauvres, et que la population des esclaves dans les campagnes augmenta tandis que celle des hommes libres diminua à cause du malaise, des contributions et du service militaire qui les accablaient ; et quand bien même ils jouissaient de quelque tranquillité, ils ne pouvaient que perdre leur temps dans l'oisiveté, parce que, d'un côté, les terres étaient entièrement dans les mains des riches, et que, de l'autre, ceux-ci

employaient pour les cultiver des esclaves de préférence à des hommes libres » (Appien, *Guerre civile*, I, 7).

Ce phénomène, décrit par l'historien grec Appien et corroboré par Plutarque, est apparu dans l'Italie romaine après la fin des guerres puniques. Maîtresse de la Méditerranée, Rome avait fait d'immenses conquêtes et amassé des richesses inouïes. Parmi ces richesses se trouvaient des esclaves, dont des prisonniers de guerre. Une estimation évalue la progression de la population servile en Italie de 500 000 individus en 225 avant J.-C. à 3 millions en 25 avant J.-C. (P. A. Brunt, *Italian Manpower 225 B.C.-A.D. 14*, 1971), sur une population totale d'environ 7 millions. Cela représentait une augmentation de 12 500 esclaves chaque année, soit 2,5 % par an, pour arriver jusqu'à représenter environ 43 % de la population. On n'est pas loin, d'ailleurs, de la part d'actifs français occupant un emploi (40 %). En d'autres termes, les esclaves étaient devenus suffisamment nombreux pour réaliser la majeure partie du travail nécessaire à la société. L'économie romaine connaissait avant l'heure ce que Keynes appelait le « chômage technologique », c'est-à-dire « le chômage dû au fait que nous découvrons des moyens d'économiser l'utilisation du travail à un rythme plus rapide que celui auquel nous parvenons à trouver au travail de nouveaux débouchés » (*Economic Possibilities for Our Grandchildren*, 1930).

Car l'esclavage de masse, comme la machine moderne, ouvrait la voie à des gains de productivité : l'esclave est un moyen de production plus régulier que le citoyen-soldat, qui peut être appelé à la guerre à tout moment. Le spécialiste Walter Scheidel écrit :

> « Partout où le travail servile était organisé de manière rationnelle, à grande échelle et calibré en vue d'une production commerciale, il représentait probablement le segment le plus avancé — le plus "capitaliste" — de l'économie romaine. En tant que tel, il était à la pointe de la croissance intensive, et rendait possible la réorganisation des procès industriels (« *Slavery in the Roman Economy* », Stanford University, 2010). »

Pour Friedrich Engels, déjà, l'esclavage antique, loin d'être une institution primitive, était révélateur d'une forme de développement économique des sociétés anciennes, ce qui le rend d'autant plus comparable aux machines modernes :

> « Lorsque Rome devint "cité universelle" et que la propriété foncière italique passa de plus en plus aux mains d'une classe peu nombreuse de propriétaires extrêmement riches, la population paysanne fut évincée par une population d'esclaves. Si à l'époque des guerres médiques, le nombre des esclaves s'élevait à Corinthe à 460 000 et à Égine à 470 000, et si leur proportion était de dix par tête d'habitant libre, il fallait pour cela quelque chose de plus que de la "violence", à savoir une industrie d'art et un artisanat très développés et un commerce étendu (*Anti-Dühring*, 1878). »

Dans une économie où le travail servile jouait un rôle aussi prépondérant, une question fatale se posait : que faire des travailleurs libres ? Deux solutions s'offraient à eux : trouver un emploi que les esclaves ne pouvaient pas remplir, ou bien tomber dans l'inactivité.

Il y avait bien des activités « non remplaçables », que les esclaves ne pouvaient pas exercer. D'abord, les travaux de l'armée et de la vie publique : c'étaient des affaires non seulement d'hommes libres, mais de citoyens. C'était même leur principale et plus prestigieuse activité. En temps de paix, ou si l'on n'aimait pas la politique (comme Atticus, l'ami de Cicéron), on pouvait également exercer une profession de l'esprit : écrivain, poète, collectionneur, mécène. Mais c'était une occupation de luxe, qui impliquait d'avoir reçu l'éducation et le patrimoine nécessaire. Le citoyen romain qui n'avait pas cette chance ne pouvait que se tourner vers un métier « normal » : agriculteur, commerçant ou artisan. Mais là, son statut d'homme libre et ses obligations sociales ne lui facilitaient pas la tâche : il était nécessairement plus cher qu'un esclave, qui coûtait le minimum du minimum (juste ce qu'il fallait pour le nourrir et l'entretenir). Difficile, dans ces conditions, de trouver du travail. Comme le dit Walter Scheidel, « le recours des élites aux esclaves et aux affranchis était défavorable aux travailleurs libres, en restreignant leur accès à l'emploi dans les ménages et les entreprises des milieux aisés, et en décourageant l'investissement dans le capital humain au-delà des frontières de ces ménages et entreprises ». Pourquoi former un jeune cultivateur, si ce dernier est destiné à partir à l'armée quelques années plus tard, quand on peut acheter un esclave pour faire le même travail à vie ?

Ajoutons que même les professions qualifiées n'échappaient pas à la menace de remplacement : un esclave pouvait tout à fait occuper les fonctions de professeur, de conseiller ou de secrétaire auprès d'un magistrat important. Certains postes de hauts fonctionnaires, dans l'administration impériale, étaient occupés par des esclaves – qui gardaient pourtant leur statut juridique d'objet meuble.

À partir des Gracques, l'une des propositions des populistes (*populares*) romains fut de forcer la redistribution des terres pour permettre à plus de citoyens romains d'accéder à la propriété, et ainsi de retrouver de l'activité. Mais cette politique avait nécessairement ses limites, les terres n'étant pas illimitées. Pour une majorité de citoyens pauvres, il ne restait donc que la voie de l'oisiveté. Et c'est justement celle-ci que la République romaine a organisée au cours du Iᵉʳ siècle, jusqu'à l'avènement du principat. Sur proposition des populistes, les citoyens reçurent d'abord des distributions à prix réduit de blé, puis des distributions gratuites, enfin des allocations en monnaie sonnante et trébuchante — sans compter les banquets publics et les spectacles de gladiateurs que donnaient les riches ambitieux. Au Iᵉʳ siècle après J.-C., un réactionnaire comme Juvénal écrivait des vers restés célèbres : « Le peuple qui jadis étendait son empire, ses faisceaux, ses légions, maintenant se referme sur lui, et n'attend anxieusement que deux choses : du pain et des jeux. »
Juvénal déplorait en termes moraux un phénomène économique : parce que leur travail était devenu inutile, il avait fallu trouver aux citoyens romains démunis un moyen de subsistance régulier. C'était, littéralement, un revenu de base, même s'il ne correspond guère à l'utopie de certains de ses promoteurs actuels qui y voient une source d'émancipation personnelle plutôt qu'un pis-aller face au chômage. Les poètes romains comme Horace décrivaient en général avec mépris les passants désœuvrés qu'ils croisaient dans les rues de Rome ; il ne semble pas que la politique des *panem et circenses* ait grandement contribué à leur épanouissement. L'oisiveté n'était souhaitable qu'avec les moyens de la rendre agréable : villas, œuvres d'art ou bonne compagnie…

Résumons. Plusieurs facteurs expliquent l'évincement progressif des citoyens romains du monde du travail, et la création d'une économie fondée sur l'esclavage de masse : l'offre d'esclaves était particulièrement élevée depuis les conquêtes militaires. Les grands propriétaires avaient accumulé un capital énorme qu'il fallait dépenser et investir. Les citoyens ne représentaient pas une main-d'œuvre durable et stable : ils étaient régulièrement requis pour former des légions ou fonder des colonies, auquel cas ils devaient s'absenter momentanément ou définitivement. Le coût du travail avait augmenté avec la croissance de la puissance romaine : les citoyens n'acceptaient plus de travailler pour de trop bas salaires. L'inactivité croissante des citoyens contribua à la division politique de la société romaine, entre la minorité qui trouvait son intérêt dans le statu quo, et une majorité qui se tourna vers les populistes. Ces derniers, faute de pouvoir donner des terres à tout le monde, instaurèrent une sorte de revenu de base fait de distributions d'argent ou de grain. Ce système avait le mérite de résoudre un problème social. Mais loin d'apaiser et d'émanciper les citoyens, il fut aussi le théâtre des agitations politiques de l'époque impériale.

Rien ne dit que cette mécanique implacable est vouée à se répéter dans nos économies contemporaines. Pour Daniel Cohen, nous n'allons pas vers la fin du travail, mais vers l'émiettement du travail, qui n'implique pas les mêmes enjeux — aussi récuse-t-il la métaphore du pain et du cirque. En particulier, l'espoir que l'innovation technologique puisse créer autant de nouveaux emplois qu'elle en détruit permet d'imaginer des issues plus positives au dilemme. Ce n'était pas le cas des esclaves, qui évinçaient les travailleurs libres sans susciter beaucoup de nouvelles activités — à part gardien d'esclaves… L'esclavage était un puissant facteur de production, mais pas de croissance de long terme.

Finissons par un mot sur le voyage sur la Lune. Cela aussi, les Anciens l'avaient imaginé! Notamment sous la plume d'un auteur prolifique, Lucien de Samosate, rhéteur et écrivain grec originaire de Syrie. Son œuvre la plus célèbre, les *Histoires vraies*, est une étrange fantaisie évoquant un voyage sur la Lune, où il décrit des créatures lunaires aux étranges méthodes de reproduction. C'est, tout simplement, le premier récit détaillé de voyage spatial dans la littérature occidentale. On y assiste même, littéralement, à une guerre des étoiles, entre l'empire du Soleil et celui de la Lune, dont les combattants s'affrontent sur des animaux spatiaux ou des vaisseaux volants. Bien sûr, Lucien n'imaginait aucunement que son histoire pouvait devenir réalité — c'est d'ailleurs pourquoi son livre s'intitule ironiquement *Histoires vraies*. Mais cela signifie que les Grecs pouvaient concevoir, à titre purement théorique, la possibilité que des hommes aillent sur la Lune. C'était d'autant plus imaginable pour eux qu'ils savaient que la Lune était un objet physique similaire à la Terre ; un long texte de Plutarque, *La Figure sur l'orbe de la lune*, est consacré à la discussion de son apparence. On savait donc que c'était un corps solide et non gazeux, qu'il était plus petit que la Terre et situé entre la Terre et le Soleil, qu'il était éclairé par le Soleil, que son mouvement de révolution autour de la Terre l'empêche de tomber sur elle, et que les taches qu'on aperçoit en la regardant sont dues à son relief accidenté. Il allait jusqu'à imaginer, par le biais d'un des personnages de son dialogue, que la Lune présente « sur son globe des lieux d'une beauté ravissante, des montagnes resplendissantes comme la flamme, des bandes couleur de pourpre, des mines abondantes d'or et d'argent non éparses dans l'intérieur de son globe, mais qui se trouvent à fleur de terre dans ses plaines ou le long des collines douces et unies qui sont à sa surface ».

CHAPITRE 4

L'EMPIRE UNIVERSEL

Le soleil commençait tout juste à se coucher sur l'horizon lorsque la délégation chinoise arriva à Rome. Ils étaient un petit groupe, mais il était impossible de ne pas remarquer leur présence alors qu'ils défilaient dans les rues de la ville, vêtus de leurs robes traditionnelles et accompagnés de quelques gardes romains. La délégation était venue du lointain Empire de Chine. Elle était dirigée par le frère de l'empereur, un homme de grande influence et de pouvoir. Alors que la délégation approchait du palais impérial, elle fut accueillie par une foule de citoyens romains, sortis pour voir ce que cet étrange groupe avait à offrir. Une fois à l'intérieur du palais, la délégation fut introduite dans la grande salle, où l'empereur romain et sa cour les attendaient. L'empereur accueillit chaleureusement la délégation et la remercia d'être venue. Il leur demanda ensuite quelles nouvelles ils avaient à partager.

Le chef de la délégation s'inclina devant l'empereur et commença à parler. Il évoqua les grandes avancées réalisées dans leur patrie, les progrès de la science et de l'ingénierie qui leur avaient permis de construire de grandes machines et des navires, et la connaissance qu'ils avaient acquise des forces de la nature. L'empereur écouta attentivement l'orateur, puis lui demanda s'il avait connaissance des progrès technologiques des Romains. Le délégué chinois fit une pause pendant un moment avant de répondre que oui.

L'empereur, intrigué, lui demanda de s'expliquer davantage. L'ambassadeur parla alors des inventions incroyables que les Romains avaient faites, comme la vapeur et l'électricité, et de la façon dont ces inventions avaient été utilisées pour faire fonctionner les navires et les machines.

« Comment avez-vous eu connaissance de nos inventions ? » demanda l'empereur.

L'ambassadeur répondit : « Nous avons été en contact avec quelques commerçants de l'Est qui nous ont raconté des histoires sur vos grandes réalisations. Nous avons également été en mesure d'observer certaines des machines et des navires propulsés par votre nouvelle technologie, et nous avons essayé de les reproduire dans notre propre royaume. »

L'empereur hocha la tête pensivement. Il remercia le chef pour sa franchise et lui demanda de continuer. Ce dernier poursuivit en expliquant que les Chinois avaient tenté de recréer les machines et les navires romains, mais qu'ils rencontraient des difficultés en raison du manque de ressources et de connaissances. Il demanda alors à l'empereur de leur permettre de ramener avec eux dans leur patrie certaines des machines et des navires romains, afin qu'ils puissent les étudier et en tirer des enseignements.

Un violent débat commença presque immédiatement après que le dirigeant chinois eut fait sa demande. Les érudits et les sénateurs romains se disputèrent. D'un côté, il y en avait pour affirmer que livrer une technologie aussi puissante serait une grave erreur, et que cela pourrait affaiblir la position de l'Empire romain dans le monde. D'autres affirmaient que les Chinois avaient le droit d'apprendre et de bénéficier des avancées de l'Empire romain, et que cela pourrait ouvrir une nouvelle voie de commerce et de connaissance entre les deux cultures. Le débat fit rage pendant des semaines, sans qu'aucun consensus clair ne soit atteint. Finalement, après de nombreuses discussions et délibérations, l'empereur décida d'autoriser les Chinois à ramener quelques navires et machines dans leur patrie. Il ordonna que les engins soient équipés de verrous, et qu'une délégation romaine accompagne les Chinois dans leur voyage et surveille leur utilisation. La délégation chinoise, ravie, reprit rapidement le chemin de la Chine.

Plusieurs décennies s'étaient écoulées quand une guerre éclata entre les empires romain et chinois. La cause du conflit était complexe, et suscite encore des controverses. Fondamentalement, la guerre était le produit de jalousies et de méfiances. Au cours des décennies qui suivirent le retour de la délégation chinoise dans sa patrie, celle-ci fit de vastes progrès dans le développement de la vapeur et de l'électricité, surpassant parfois l'Empire romain dans ses réalisations technologiques. Cela provoqua beaucoup de ressentiment chez les Romains, qui avaient le sentiment que leurs avancées technologiques avaient été volées. L'empereur fut accusé d'avoir trahi la République, et fut renversé par un coup d'État qui, contre toute attente, ne provoqua que peu de réactions.

Les dirigeants romains craignaient que les Chinois ne tentent d'utiliser leurs nouvelles connaissances pour prendre l'avantage sur l'Empire romain. Cette crainte fut encore exacerbée par le refus du gouvernement chinois d'autoriser les commerçants et les diplomates romains à visiter leur pays. Dans le même temps, le gouvernement chinois se méfiait de plus en plus de la puissance et de l'influence croissantes de l'Empire romain. Ils craignaient que ce dernier ne tente d'étendre sa portée et son contrôle sur les terres d'Asie centrale, et qu'il finisse par tenter de conquérir également la Chine.

Les tensions entre les deux empires s'accrurent pendant des décennies, conduisant à la construction de longs murs parallèles aux frontières des deux territoires, avant d'éclater finalement en guerre ouverte. La guerre fut longue et brutale, les deux camps utilisant les machines et les navires puissants fonctionnant à la vapeur et à l'électricité que les Chinois avaient développés. Après plusieurs années de vaines batailles, les deux empires finirent par accepter d'entamer des négociations, qui se tinrent en Inde. La première rencontre diplomatique fut tendue, les deux parties ne voulant pas revenir sur leurs positions. Après des semaines de négociations, elles parvinrent cependant à trouver un accord. Ce dernier stipulait que les deux États devaient cesser les hostilités et reconnaître la souveraineté de l'autre. L'Empire romain reconnaîtrait les avancées technologiques réalisées par les Chinois et cesserait toute tentative d'étendre sa propre influence sur les terres étrangères. En retour, le gouvernement chinois accepterait d'ouvrir ses frontières aux commerçants et diplomates romains, et serait disposé

à partager ses connaissances et ses ressources avec l'Empire romain. En outre, l'accord comprenait également une clause qui permettait un développement technologique conjoint entre les deux empires. Cela impliquait le partage des connaissances et des ressources, et permettait aux deux parties de bénéficier des avancées technologiques de l'autre. Enfin, le traité comprenait une clause destinée à permettre une résolution pacifique de tout conflit futur entre les deux empires. Cela impliquait l'établissement d'un conseil diplomatique permanent, où les deux parties pourraient discuter de leurs différences et tenter de trouver une résolution pacifique.

Le commentaire de l'historien

Les Romains ne manquaient pas d'explorateurs. Les géographes les plus fameux étaient en général de grands voyageurs, comme Strabon, qui avait exploré l'Égypte et l'Éthiopie en plus des destinations plus traditionnelles de l'Empire. On a conservé des « Périples », des récits de voyage, comme celui de la mer Érythrée, qui décrit le parcours allant jusqu'à l'océan Indien en passant par la péninsule arabique. On sait également que des commerçants, comme Julius Maternus, s'étaient aventurés jusqu'au Nigeria actuel, ou au moins aux alentours du lac Tchad. Des soldats comme Lucius Cornelius Balbus le Jeune avaient également mené des expéditions militaires aventureuses au sein du Sahara. Néron avait ordonné une exploration préparatoire à une éventuelle invasion de l'Éthiopie ou de la Nubie, qui a pu atteindre le lac Victoria. L'Inde, bien sûr, et l'Asie centrale, étaient relativement bien connues depuis les campagnes d'Alexandre. Le cas de la Chine est particulièrement intéressant. On sait que Rome comme la Chine connaissaient leur existence réciproque. Les Romains appelaient les Chinois « Sères » (bien que ce terme s'applique également, parfois, à d'autres peuples orientaux), et les Chinois appelaient l'Empire romain *Da Qin*, soit « Grand Qin », du nom de la dynastie fondatrice chinoise, ce qui signifie que Rome était vue comme un miroir occidental de l'Empire chinois. Les géographes romains identifient avec une assez bonne précision des villes d'Extrême-Orient, tandis que des livres chinois du IIIe siècle évoquent la Méditerranée et Alexandrie. On sait aussi qu'il y a eu quelques contacts directs ; si Florus indique qu'Auguste reçut un jour une ambassade des Sères, il semble qu'il s'agissait plutôt d'un peuple d'Asie centrale ; de même, on sait qu'un émissaire chinois fut envoyé à Rome au Ier siècle, mais ne parvint pas à traverser le territoire parthe ; en revanche, des ambassadeurs romains seraient arrivés à la cour des Han au IIe siècle, sous les Antonins, ce dont les archives chinoises ont gardé une trace. Difficile de savoir s'il s'agissait vraiment d'émissaires partis de Rome et envoyés par l'empereur, ou de voyageurs des frontières de l'Empire que les Chinois identifièrent comme venant d'Occident. Les principales relations furent donc indirectes, et liées au commerce de la soie. C'était la principale raison pour laquelle les Romains connaissaient la Chine ; pour eux, c'était d'abord et principalement le royaume d'origine de la soie. En pratique, il semble que les commerçants romains s'arrêtaient, au plus loin, à la Thaïlande. Pline l'Ancien atteste de l'intensité des échanges commerciaux, sur un ton réprobateur : « Par le calcul le plus bas, la Chine, l'Inde et la péninsule arabique reçoivent de notre Empire plus de 100 millions de sesterces chaque année : c'est là ce que nos produits de luxe et nos femmes nous coûtent. »

La Terre entourée de satellites, mosaïque du ve siècle, Musée national romain.

Ailleurs dans le monde, l'expansion romaine fut plus aisée. Au cours des premiers siècles de l'Empire, les Romains avaient utilisé leurs navires à vapeur pour explorer les océans et établir des colonies dans des pays lointains. Ils naviguèrent à travers la Méditerranée, l'Atlantique et l'océan Indien, établissant

des colonies et des routes commerciales en cours de route. Au fur et à mesure de l'expansion de leur empire, les Romains fondaient des colonies sur des rivages nouveaux et jusque-là inconnus, en Europe, en Asie et en Afrique. Dans les siècles qui suivirent, les Romains travaillèrent à densifier leur réseau de colonies lointaines, en utilisant leurs connaissances pour développer des formes avancées de communication et de transport. Ils construisirent à travers les jungles et les déserts des routes et des autoroutes, ce qui leur permit de déplacer rapidement et facilement des troupes et des fournitures sur de longues distances. L'apparition des télégraphes et des radios leur permit de rester en contact avec leurs territoires éloignés. À son apogée, l'Empire romain devint une entité vaste et puissante, qui s'étendait des rives de la Méditerranée aux coins les plus reculés du monde. Les Romains avaient établi un réseau de routes, de ports et de villes, et contrôlaient de manière plus ou moins directe près de la moitié du monde.

Leur langue était parlée presque universellement, même si le latin avait évolué en quelques siècles. Au fur et à mesure que l'Empire s'était étendu et était rentré en contact avec d'autres cultures, le latin avait emprunté des mots et des expressions pour décrire de nouveaux concepts et de nouvelles idées. Les nouveaux moyens de communication à disposition des Romains avaient aussi conduit au développement de néologismes, comme, à une époque tardive, la *lucerna circumvolans*, la lanterne volant en cercle, désignant un satellite. Mais surtout, l'apparition de médias de masse avait causé l'apparition d'une forme plus standardisée du latin, ces médias donnant plus de contrôle sur le langage. On se comprenait d'un bout à l'autre de l'Empire, et les différences régionales de prononciation ou de vocabulaire disparaissaient progressivement. Seul le grec résistait dans les parties orientales de l'Empire, et l'on continuait, dans la haute société, d'employer le grec en privé même dans les familles romaines.

Le commentaire de l'historien

À Rome, comme en France aujourd'hui face à l'anglais, certains craignaient la contamination de la langue par un vocabulaire et des expressions empruntées à la langue internationale de l'époque, le grec. Si les Romains avaient initialement résisté à cette influence, leurs élites prirent vite l'habitude d'employer des termes grecs ou de citer des auteurs de la littérature hellénique, qui était la haute culture de l'époque. Seul un Caton l'Ancien résistait pied à pied à l'invasion linguistique : d'après Plutarque, « cherchant à mettre en garde son fils contre la culture grecque, il se permettait des affirmations bien trop violentes pour son âge, déclarant, avec le ton d'un prophète ou d'un voyant, que Rome perdrait son empire quand elle serait contaminée par les lettres grecques » (*Vie de Caton l'Ancien*, 23). Cette position était loin d'être partagée, même par les plus respectés praticiens de la langue latine. Cicéron, le grand orateur, était perçu par la plèbe comme commettant ce que nous appellerions des anglicismes : d'après Plutarque toujours, il était qualifié de « Grec » et de « jargonnant » (σχολαστικός) par les gens du peuple (*Vie de Cicéron*, 6).

De fait, quand on lit notamment la correspondance des auteurs latins, on est frappé par le nombre d'expressions grecques qu'ils emploient à tout moment, comme un cadre branché se plie aujourd'hui à la mode de l'anglais. Prenons quelques exemples, où pour essayer de rendre la sensation que devait ressentir un lecteur latin, j'ai traduit les termes grecs par des termes ou expressions anglaises.

Parfois, légitimement, un Romain utilise le grec parce qu'il pense à un concept grec et ne sait pas comment le traduire simplement en latin. Pour parler de la difficulté à se procurer de l'argent, Cicéron utilise un terme grec qui résume le concept en un seul mot : « Il y a un incroyable *credit crunch* (δυσχρηστία) à cause de la peur de la guerre » (*Att.*, XVI, 7, 6). Face à une semblable difficulté linguistique, pour parler de la « promptitude à trouver des défauts » qui se traduit par le mot grec μικραίτιος, Pline le Jeune emploie le mot tel quel : « Tu sais combien l'amour est parfois injuste, souvent incontrôlable, toujours *deprecating* » (*Lettres*, II, 2, 1).

Plus souvent, Cicéron et ses amis changent de langue pour marquer la familiarité ou la décontraction. Dans un cas d'humour noir, Atticus écrit à son ami Cicéron qui se plaint de son exil hors de Rome : « Bravo pour ton euthanasie (ἐυθανασία, pas besoin de traduire en anglais ici) » (*Att.*, XVI, 7, 3). Pline, quant à lui, se vante avec un peu d'autodérision de « ne jamais avoir écrit quelque chose avec autant de *care* (ζῆλος) » (*Lettres*, I, 2, 1).

Parfois, c'est franchement du snobisme. Atticus écrit à Cicéron : « Je voudrais que tu me fignoles un petit *briefing* (σχόλιον) sur les raisons de ta conduite. » Il aurait pu utiliser des mots latins pour transcrire la même idée, mais choisit le mot grec, comme il est plus chic de parler de *briefing* que de « présentation ». D'ailleurs, Cicéron, qui dans sa réponse en veut à Atticus, semble irrité par ce choix un peu léger, et insiste lourdement sur le fait qu'il n'y a pas besoin de *briefing*. Autre part, Cicéron se plaint de ne jamais avoir été « dans une situation aussi *touchy* (ἀπορία) » (*Att.*, XVI, 8).

Cette alternance affectée était possible parce que les élites romaines apprenaient très tôt le grec, en parallèle du latin. Ce dernier reste la langue maternelle ; mais un professeur du Ier siècle, Quintilien, conseille de commencer l'école par le grec, avant d'enseigner les deux langues en parallèle, « sans qu'une langue fasse de tort à l'autre ». À l'apogée de l'Empire, on voit que les craintes catoniennes d'un remplacement ou d'une perversion du latin par le grec s'étaient évaporées.

Ce qui mena à la disparition du latin, ce fut donc moins l'influence du grec que son évolution intrinsèque (ainsi les déclinaisons ont-elles progressivement disparu, sans qu'une langue étrangère en soit responsable) et la dislocation finale de l'Empire romain, avec la diminution des échanges, la partition politique et le repli sur soi des différents territoires impériaux. L'harmonisation qu'exerçait le pouvoir et l'influence romaine partout en Europe ne s'exerçait plus. On se mit à parler des variantes fautives un peu partout ; dans chaque région, les différences s'exacerbaient, faute de se mélanger les unes aux autres. Petit à petit apparurent de véritables langues dérivées du latin ; de faute en faute, de barbarisme en barbarisme, d'erreur en erreur, le latin finit par devenir le français, l'italien ou l'espagnol. C'est ainsi que meurt une langue : plus souvent déformée de l'intérieur que remplacée par un idiome étranger à la mode. Les progrès des moyens de communication, qui tendent à élargir le bassin des locuteurs d'une langue ou d'un dialecte, ralentissent toutefois beaucoup ce phénomène.

Cela n'empêche pas la langue d'évoluer, mais elle a beaucoup moins de chance de se séparer en dialectes et langues distincts. Si l'Empire romain avait eu accès au téléphone, à la télévision ou aux réseaux sociaux avant sa disparition, il est très probable que le latin n'aurait jamais disparu ; il aurait beaucoup changé, et aurait probablement perdu ce qu'il a effectivement perdu dans toutes les langues latines, comme les déclinaisons, mais il ne se serait pas disloqué entre le français, l'espagnol, l'italien ou le roumain.

Souvent, l'arrivée des Romains était précédée, un peu partout, de rumeurs et de légendes sur les pouvoirs quasi magiques que leur conféraient leurs machines. Beaucoup tentèrent de reproduire les moteurs à vapeur et les générateurs d'électricité romains, mais leurs efforts n'étaient pas toujours couronnés de succès. Voler la technologie n'était pas plus simple : l'Empire avait massivement investi dans des mesures de sécurité pour protéger ses inventions militaires, et toute tentative de vol de technologie était rapidement déjouée. La première traversée de l'Atlantique, et la première rencontre entre les Romains et les Mayas, au IIe siècle, fut l'un des moments les plus marquants de cette expansion. Le savant Gaius Fabius, qui accompagnait l'expédition, nous en a laissé un témoignage marquant :

> Les barbares regardaient nos navires remonter la côte avec stupéfaction. Ils n'avaient jamais rien vu de tel que ces navires massifs, magnifiquement construits, avec leurs armes en métal étincelant. Les Romains, eux, furent frappés par l'agriculture avancée des indigènes, leurs poteries et leurs bijoux magnifiquement ouvragés, qui ne ressemblaient à aucun de ceux que l'on trouve en Europe. Les deux groupes se sont échangés des cadeaux et ont fait du commerce, chacun étant désireux d'en apprendre davantage sur l'autre. Au fil des semaines, ils ont commencé à se lier d'amitié et même, pour certains, à entretenir des relations conjugales. J'étais particulièrement intéressé par les connaissances avancées des indigènes en matière d'herboristerie et par leur capacité à naviguer sur la terre à l'aide des étoiles. L'une des choses les plus intéressantes que j'ai apprises de ces barbares est leur connaissance approfondie de la phytothérapie. Ils ont répertorié les propriétés curatives de diverses plantes et sont capables de les utiliser pour traiter un large éventail d'affections. J'ai été particulièrement impressionné par leur utilisation d'une plante appelée tabac. Les barbares font sécher les feuilles de cette plante et en inhalent la fumée pour soulager la douleur et améliorer leur humeur. J'ai trouvé que c'était une utilisation fascinante d'une ressource naturelle, et j'ai immédiatement commencé à l'étudier plus en détail.

Portrait de Gaius Fabius,
otographie, 180-185 après J.-C., collection privée.

L'expansion de l'Empire avait été d'autant plus rapide que l'armée romaine, qui était dès avant le Ier siècle l'une des forces les plus redoutables du monde antique, avait porté sa puissance militaire à un tout autre niveau.

Les premiers chars à vapeur romains constituaient un remarquable exploit d'ingénierie. Ils étaient propulsés par une petite machine à vapeur, alimentée par du bois ou du charbon. La machine à vapeur était reliée à une série d'engrenages et de leviers qui transformaient la pression de la vapeur en mouvement mécanique. La machine à vapeur était montée sur un solide châssis en bois, renforcé par des entretoises et des supports métalliques. Le cadre était conçu pour être léger et agile, permettant au char de se déplacer rapidement et de manœuvrer facilement sur le champ de bataille. Les roues étaient reliées à la machine à vapeur par un système d'engrenages et de leviers, permettant au char d'avancer et de reculer. Le char était également équipé d'une paire de longues lames incurvées, montées à l'avant du châssis. Ces lames étaient utilisées pour trancher les rangs ennemis et créer un chemin que le char pouvait suivre. Les Romains mirent en œuvre ces puissantes machines avec beaucoup d'efficacité lors du siège de Ctésiphon et de la deuxième bataille de Carrhes.

Toutefois, ils comprirent vite que ces chars avaient des limites. Ils étaient puissants et rapides, mais ils n'étaient pas très polyvalents et n'étaient pas en mesure d'engager des ennemis à longue distance. En outre, leurs ennemis commençaient à tenter de s'approprier la technologie pour leur compte. Les Romains commencèrent donc à chercher un nouveau type d'arme capable de surmonter

Vue d'artiste de l'un des premiers chars à vapeur militaires.

Exemplaire de fusil à air comprimé du IIe siècle, British Museu

ces limites. Ils voulaient une arme plus polyvalente et capable d'engager des ennemis à plus longue distance, et c'est ainsi qu'ils finirent par mettre au point le fusil à air comprimé.

Pour créer un fusil de cette sorte, les Romains devaient trouver le moyen de générer la pression nécessaire pour propulser des projectiles à une vitesse létale. C'était une tâche difficile, mais l'ingénieur romain Fabius Farasius releva le défi et réussit à créer une machine capable de générer les niveaux élevés de pression requis pour un canon. Cette arme, semblable à un pistolet à billes, utilisait la pression de la vapeur pour propulser des projectiles à grande vitesse. Cela impliquait la création d'une chambre pouvant contenir la vapeur sous pression, ainsi qu'un mécanisme permettant de libérer la vapeur de manière contrôlée. Le canon à pression ressemblait à une arme antique traditionnelle, comme un arc ou un gastrophète grec. Il possédait une crosse, un canon et un mécanisme de déclenchement, et était chargé de projectiles tels que des flèches ou, peu après, des boulons. Lorsque le fusil était tiré, la machine à vapeur générait une explosion de vapeur qui était libérée dans la chambre du canon à pression. Cette vapeur propulsait alors le projectile hors du canon à grande vitesse, permettant aux Romains d'atteindre leurs cibles avec une grande précision et une grande force.

Le canon à pression était un ajout précieux à l'arsenal romain, qui signifiait qu'ils étaient en mesure de déployer des forces plus petites et plus professionnelles. D'abord, ils pouvaient désormais maintenir une distance de sécurité avec leurs ennemis et éviter les combats rapprochés qui étaient souvent nécessaires avec les armes traditionnelles. En outre, la machine à vapeur et le canon à pression étaient des technologies complexes et coûteuses. Les Romains devaient donc investir davantage de ressources dans la formation et l'équipement de leurs soldats, et ils n'étaient pas en mesure de recruter autant de soldats que par le passé. Leurs soldats étaient hautement entraînés et bien équipés, et ils étaient capables d'utiliser ces armes de pointe pour déjouer les plans de leurs ennemis sur le champ de bataille. De nouveaux types de soldats spécialisés apparurent dans les sources:

Aurigatores Vaporarii: ces soldats étaient formés pour conduire les chars à vapeur utilisés par l'armée romaine. Ils étaient connus pour leur vitesse et leur mobilité, et étaient capables de déjouer les plans de leurs ennemis sur le champ de bataille.

▸ Pages suivantes: Exemplaire de fusil à air comprimé du IIe siècle, British Museum.

Sagittarii Pressurarii : ces soldats étaient formés pour manier les fusils à air comprimé utilisés par l'armée romaine. Ils étaient connus pour leur précision et leur capacité à engager leurs ennemis à longue distance, et ils étaient capables d'utiliser leurs armes avec un effet dévastateur sur le champ de bataille.

Fabri Vaporarii : ces soldats étaient chargés d'entretenir et de réparer les machines à vapeur qui alimentaient les armes et les machines de l'armée romaine. Il s'agissait d'artisans qualifiés capables de diagnostiquer et de réparer les problèmes des machines à vapeur, et ils étaient essentiels à la capacité de l'armée romaine à utiliser la technologie de la vapeur sur le champ de bataille.

Outre leurs armes de pointe, les Romains étaient également réputés pour leur technologie médicale avancée. Ils utilisaient des appareils électriques pour effectuer des opérations chirurgicales et d'autres procédures médicales, et ils disposaient d'un système de soins médicaux sophistiqué, inégalé par toute autre civilisation de l'époque. Ils constituèrent une unité spécialisée d'infirmières militaires formées à l'utilisation de technologies médicales avancées. Ce corps, connu sous le nom de *medicæ legionis*, a été créé pour fournir des soins médicaux aux soldats de l'armée romaine et a contribué à aider les Romains à maintenir leur vaste empire. Le corps des *medicaæ legionis* était composé d'infirmières hautement qualifiées, sélectionnées pour leur intelligence, leurs compétences et leur dévouement. Ces infirmières étaient formées à un large éventail de procédures médicales, notamment la chirurgie, la pharmacologie et même la psychologie. Les *medicæ legionis* accompagnaient l'armée romaine dans ses campagnes, fournissant des soins médicaux aux soldats sur le champ de bataille. Elles étaient équipées d'unités chirurgicales portables fonctionnant avec un générateur à vapeur, et étaient en mesure de

▲ Haut-relief de l'arc de Sévère, légionnaires tirant au fusil, IIIe siècle.

fournir un traitement médical rapide et efficace aux soldats blessés. Outre leurs fonctions sur le champ de bataille, les *medicæ legionis* jouaient également un rôle essentiel dans les soins médicaux de l'Empire romain. Elles géraient un réseau d'hôpitaux et de cliniques médicales, fournissant des soins aux citoyens de l'Empire. Ces hôpitaux étaient réputés pour leur propreté et leur efficacité, et ils constituaient une partie importante du système de santé romain.

Le commentaire de l'historien

Dans ses *Stratagèmes*, Frontin écrit, au Iᵉʳ siècle de notre ère : « Je ne ferai pas de considérations sur les travaux et engins de guerre, dont nous avons depuis longtemps épuisé les inventions, et dont je n'ai pas d'espoir que nous pourrons jamais les améliorer. » Non seulement l'histoire a, depuis deux mille ans, largement détrompé le général romain, mais même l'histoire romaine l'a démenti peu de temps après sa mort. Car l'un des domaines où les Romains furent le plus imaginatifs et réceptifs en matière technologique est bien le domaine militaire. De la Rome royale à la fin de l'Empire, leur armée a connu des évolutions profondes et effrénées, que ce soit dans son organisation, sa stratégie ou son équipement. Inventant de nouvelles armes ou de nouvelles tactiques, adoptant rapidement celles de leurs ennemis, évitant de persévérer dans l'erreur, les Romains ne purent devenir la première puissance du monde antique que grâce à leur adaptabilité. Rappelons que l'entretien des hommes et des bêtes et leur équipement représentait entre 50 et 80 % du budget de l'Empire, selon Yann Le Bohec. Optimiser ces dépenses n'était pas de peu d'importance. Philippe Fleury a récemment fait découvrir un manuscrit anonyme du IVᵉ siècle, *Des affaires militaires*, qui révèle à quel point l'esprit

Medicae legionis, statuettes en bronze, IIᵉ siècle,
sée archéologique national de Naples.

d'innovation était présent au sein de l'armée romaine : il s'agit de conseils techniques pour optimiser les machines de guerre, et notamment les balistes. L'auteur y propose de remplacer le système de câblage par un système d'engrenages, et d'améliorer la structure de la machine pour mieux ajuster le tir, avec une plateforme pivotant à 360 degrés ainsi que de haut en bas. Déjà à l'époque de la guerre des Gaules, César témoignait du perfectionnement des engins de siège romains, capables de tirer de manière répétée, en pleine nuit, sur une même cible avec une précision parfaite. Les Romains en firent un tel usage de masse qu'il arrivait que chaque centurie (une soixantaine d'hommes) soit accompagnée d'une baliste. L'armement individuel du légionnaire fut de plus en plus raffiné par essais et erreurs, passant d'un attirail proche des hoplites grecs à un équipement plus adapté au combat individuel, avec un bouclier couvrant mieux le corps, un javelot au dessin sophistiqué — le fameux *pilum* — et une armure de plus en plus « moderne », passant de la simple plaque de bronze à la cotte de mailles puis à la célèbre armure à lames métalliques. Le glaive romain fut emprunté aux Ibère ; le casque, aux Gaulois ; une grande partie des instruments de siège, aux Grecs. Comme le concluait Végèce : « Ce n'est pas seulement par le nombre des soldats que la légion remporte le plus souvent la victoire, mais par le choix des armes », à quoi il faut adjoindre cette maxime qui incite aux inventions continues : « La nouveauté étonne l'ennemi ; les choses communes ne font plus d'impression. »

Rien n'illustrait mieux la maxime de Végèce, quelques siècles plus tôt, que le siège de Syracuse par les Romains, où ils durent affronter les redoutables machines d'Archimède. Ce dernier passait pour avoir inventé un canon à pression, fonctionnant à la vapeur (mais dont on ne sait pas s'il fut utilisé à cette occasion). On faisait chauffer une chaudière, puis on ouvrait un robinet qui jetait de la vapeur d'eau dans un canon, projetant un boulet de pierre dans les airs lorsqu'un bouchon de bois se brisait. L'arme ne devait pas être extrêmement efficace, sinon elle aurait été plus largement adoptée ; ce devait être un objet de curiosité plutôt qu'un véritable engin de siège. Léonard de Vinci, dans ses recherches pour améliorer les armes de son époque, proposa une reconstruction du canon d'Archimède. Bien sûr, personne n'en avait fait d'arme portative ; par contre, il existait bien un ancêtre de l'arbalète dans l'Antiquité, le gastrophète, dont Héron d'Alexandrie mentionne l'existence. C'était une arme lourde, qui devait probablement être appuyée sur un pied pour la stabiliser, et disposait d'un cliquet pour décocher les carreaux. Là encore, son efficacité devait être limitée, sans quoi elle se serait plus répandue. Les arcs et les frondes restèrent les armes à distance de prédilection jusqu'au Moyen Âge.

Mais c'est surtout grâce à l'avancement de leurs moyens de transport que la conquête romaine prit un tour si rapide. Le développement des voies romaines terrestres et aériennes n'avait pas seulement touché le monde civil. L'un des exemples les plus impressionnants de la technologie aérienne romaine fut l'*aeronavis*, un avion du début du IVe siècle capable de transporter jusqu'à dix passagers. L'*aeronavis* était une grande et impressionnante machine, avec une envergure de plus de 30 pieds et une vitesse de pointe de 60 miles par heure. Il était propulsé par un système de moteurs à combustion, et pouvait décoller et atterrir sur une piste. L'aeronavis était utilisé par les Romains à des fins très diverses, notamment pour le transport militaire, le transport commercial de marchandises et même le transport de passagers. Outre l'*aeronavis*, les Romains développèrent également toute une série d'autres véhicules aériens, notamment des dirigeables et des hélicoptères. Ces machines étaient utilisées à des fins diverses, notamment pour la surveillance, la reconnaissance et même le combat aérien. Il s'agissait d'une partie importante de l'infrastructure romaine, et elle joua un rôle crucial dans le succès et la croissance de l'Empire romain... mais aussi dans ses heures les plus sombres, et en premier lieu, la guerre civile mondiale de 382-386.

La guerre civile mondiale fut un conflit dévastateur qui ébranla les fondements de l'Empire romain et changea à jamais le cours de l'histoire. Les troubles commencèrent en 382 après J.-C., lorsqu'un groupe de nobles romains, qui avaient repris le vieux nom d'Optimates, dirigé par l'ambitieux et impitoyable général Fabius Valerius, conspira

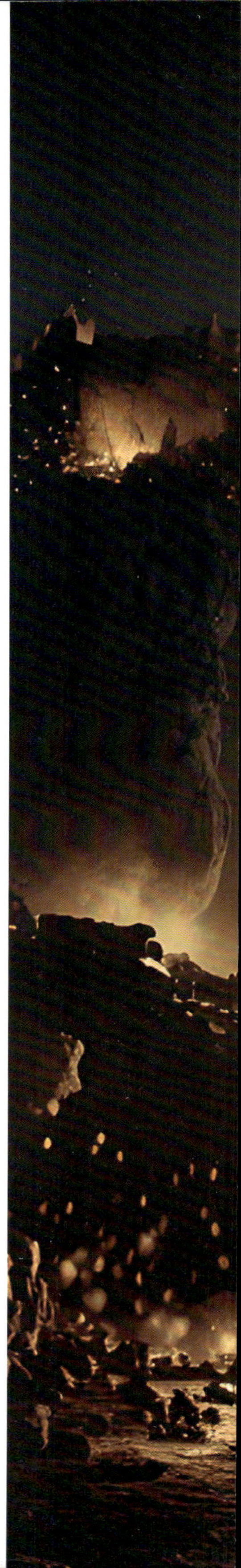

pour renverser l'empereur régnant, Lucius Aurelius. Une nuit, un groupe d'assassins fut découvert sur le Palatin, tentant de tuer l'empereur. Lucius Aurelius, connu pour sa bravoure et ses prouesses martiales, réussit à repousser les assaillants et à se mettre en sécurité. Cependant, la tentative d'assassinat provoqua une onde de choc dans tout l'Empire, et beaucoup craignirent qu'une véritable guerre civile ne soit imminente. Pour prévenir des représailles, les conjurés levèrent des troupes et entamèrent plusieurs assauts contre les forces impériales. À Athènes, des combats urbains éclatèrent alors que les forces rebelles et loyalistes s'affrontaient dans les rues étroites et les ruelles de la ville. Les rebelles, bien armés et entraînés, prirent rapidement le dessus et réussirent à expulser les loyalistes.

Par accident, une bombe détruisit le Parthénon au plus intense des combats. L'explosion fut entendue à des kilomètres à la ronde, et la vue du temple en ruine remplit le peuple d'Athènes d'horreur et de désespoir. L'idée se répandit qu'une fin du monde approchait, et des prophètes apparurent dans de nombreux points de l'Empire pour appeler à une rédemption collective. Pendant ce temps, les conjurés, après l'échec de leur tentative d'assassinat, étaient parvenus à regrouper rapidement leurs forces dans le Latium et avaient investi la ville de Rome, dont Lucius Aurelius avait dû s'éloigner par sécurité. Jugeant indispensable de ne pas laisser une minute de plus les rebelles occuper la capitale, l'empereur décida d'une attaque audacieuse sur Rome même. Utilisant une flotte d'avions de transport, il parachuta des milliers de prétoriens dans la ville, submergeant les défenses rebelles et prenant le contrôle de points stratégiques clés. Les forces des conjurés, prises au dépourvu par cette attaque soudaine, furent contraintes de battre en retraite et de se regrouper. En quittant la ville, ils parvinrent à capturer l'un des gardes du corps personnels de l'empereur, un jeune homme nommé Titus Flavius. Les rebelles, espérant obtenir de précieuses informations de Titus, le soumirent à une torture brutale, mais il refusa de révéler les secrets qui lui avaient été confiés. Titus fut tué, mais son sacrifice fut célébré par les forces loyalistes, qui le considérent comme un héros et un martyr.

Cependant, Fabius Valerius n'était pas le seul à vouloir revendiquer le trône. Dans les provinces occidentales, une autre faction rebelle, dirigée par un personnage mystérieux connu uniquement sous le nom d'« empereur de l'Ouest » déclara également la guerre à Lucius Aurelius, se déclarant l'héritier légitime du trône. Beaucoup disaient qu'il était le descendant direct d'Auguste, d'autres que c'était un aventurier gaulois qui jouait un rôle d'usurpateur. Avançant ses armées vers l'Italie, il fit le siège de Mediolanum et de Ravenne.

La guerre fit rage pendant quatre longues années, sans fin en vue, sur terre comme sur mer, des sables de la Perse aux baies du Mexique, des déserts de Mongolie aux vignes de Toscane. Les trois camps recrutaient dans toutes les parties de l'Empire, dépensaient sans compter pour embaucher les meilleurs mercenaires et acheter les plus gros stocks d'armes. Au milieu du chaos et de la destruction, un groupe de Germains employé par l'armée impériale, connus pour leurs tactiques brutales et leur efficacité impitoyable, réussit à prendre le contrôle de

▸ Casque de légionnaire, époque de la guerre civile mondiale (IVe siècle), Villa Getty.

l'Égypte, connue comme le «grenier à blé» de l'Empire. Ils utilisèrent leur position pour perturber les lignes d'approvisionnement des deux camps et se faire verser de somptueux bénéfices, avant d'être écrasés lors du débarquement d'Alexandrie en 385. En fin de compte, la loyauté et la bravoure des forces loyalistes s'avérèrent être le facteur décisif. Lucius Aurelius était un empereur populaire auprès des troupes, et avait révélé un sang-froid sans faille lors des premiers moments de la guerre. Les conjurés, au contraire, avaient laissé se propager la rumeur qu'ils n'étaient que des aristocrates décadents – qualification probablement injuste mais efficace pour discréditer leur mouvement.

Dans un tournant décisif, Fabius Valerius crut pouvoir écraser les forces de l'empereur de l'Ouest en les prenant en embuscade en Afrique du Nord, séparées de leurs lignes de ravitaillement. À la surprise générale, ce fut lui qui fut défait et capturé. Privées de leur chef, les armées des Optimates se dispersèrent progressivement à travers l'Empire. Seul l'empereur de l'Ouest continuait de s'opposer à Lucius Aurelius. Il avait établi son propre gouvernement dans les provinces occidentales, et était soutenu par une armée puissante et bien entraînée. Lucius Aurelius envoya des troupes pour affronter l'empereur de l'Ouest, mais les combats étaient acharnés et souvent indécis. Finalement, les deux empereurs se retrouvèrent face à face sur le champ de bataille, au nord de la Gaule, prêts à en découdre pour le contrôle de l'Empire, en 386 après J.-C. Longue de plusieurs mois, faite d'avancées et de reculs permanents par des troupes exténuées, ce fut l'une des plus violentes et des plus

sanglantes batailles de la guerre civile. L'arrivée de troupes venues d'Amérique, au plus fort de l'affrontement, fit basculer le sort en faveur de Lucius Aurelius.

Ayant capturé le mystérieux usurpateur, l'empereur le fit porter devant lui à Rome, au Palatin. L'empereur regardait l'homme d'un regard d'acier, son esprit s'agitant de questions. Il avait entendu des rumeurs sur le mystérieux empereur de l'Ouest, mais il n'avait jamais imaginé qu'il en arriverait là. D'où venait cet homme? Quel était son véritable but? Il devait le savoir.

«Parle», ordonna l'empereur. «Qui es-tu et pourquoi cherches-tu à usurper mon trône?»

Le prétendu usurpateur hésita un instant, puis parla d'une voix forte et déterminée. «Je m'appelle Drusus Julius Cæsar, et je suis l'héritier légitime de Germanicus, qui a été cruellement enlevé de ce monde avant son heure. Je cherche à prendre le trône afin de réparer les nombreux torts de l'Empire romain.»

L'empereur fut pris de court. Il avait entendu le nom de Germanicus de nombreuses fois auparavant, mais il ne s'était jamais attendu à ce que son fantôme apparaisse ici, dans ses propres appartements. Il regarda l'homme avec un mélange de colère et d'admiration, conscient de l'audace de sa demande, mais aussi, un peu à contrecœur, impressionné par son courage. En fin de compte, cependant, il savait ce qui devait être fait.

«Tu es un homme courageux, Drusus Julius César, mais ton ambition est mal placée. Ton destin est scellé», déclara l'Empereur d'une voix aussi froide que l'acier. Il fit un geste à ses gardes et l'homme fut emmené vers son exécution.

L'empereur regarda depuis son trône ses hommes exécuter la sentence. Il ressentait une satisfaction macabre à voir la justice rendue. Cet homme était venu prendre quelque chose qui ne lui appartenait pas. Pourquoi remuer les affres du passé? Qui tenait encore à la famille d'Auguste? Tandis que l'homme était emmené, l'Empereur réfléchissait à la curiosité de toute cette affaire, et à son caractère étrangement inévitable. Il n'aurait jamais imaginé, il y a quelques semaines, que c'était ainsi que tout se terminerait. Mais comme toutes choses, dit-il, ceci aussi avait son propre cycle particulier, un cycle dont il venait de voir la fin.

Lucius Aurelius conservait son trône, mais dut procéder à d'importantes délégations de pouvoir aux provinces qui avaient soutenu les Optimates et n'avaient pas toutes été vaincues ni occupées militairement. La guerre avait fait un terrible bilan, avec d'innombrables vies perdues et des villes entières réduites en ruines. L'Empire romain était gravement affaibli, et les autres puissances mondiales commençaient à s'intéresser de près à ses territoires. La population était dévastée par les années de conflit et de violence. Il allait falloir de nombreuses années avant que l'Empire romain ne se remette complètement de ce conflit dévastateur, mais les leçons de la guerre ne seraient pas oubliées de sitôt. Les successeurs d'Aurelius travaillèrent à prévenir ces risques de dissension.

Depuis longtemps déjà, l'Empire avait bénéficié de la technologie pour renforcer ses liens entre les régions éloignées. Les réseaux de communication rapides et fiables avaient permis une centralisation politique plus efficace et facilité la diffusion de l'information à travers l'Empire. Cela donna aux empereurs la capacité de coordonner les ressources et les efforts pour faire face aux défis internes et externes, ce qui renforça considérablement la stabilité de l'Empire. En outre, les marchandises et les services pouvaient circuler plus facilement, ce qui stimulait la croissance économique. Les habitants étaient plus satisfaits et plus loyaux, car ils avaient accès à une variété de biens et de services de meilleure qualité à des prix plus abordables. La capacité accrue à diffuser l'information permit de mieux informer les décisions politiques, ce qui contribua à la résolution pacifique de nombreux conflits internes et externes. Les réseaux de communication et d'information se développèrent pour devenir encore plus rapides et fiables, permettant une centralisation politique plus efficace. Ce succès conduisit à l'émergence d'un sentiment de supériorité et d'unité parmi les habitants de l'Empire. L'idée d'un empire universel commença à prendre forme, avec l'ambition de réunir tous les peuples sous un seul gouvernement centralisé. Mais, comme on pouvait le lire sur une mystérieuse inscription de Palmyre :

> L'empire universel n'est qu'un rêve illusoire, un mirage dans le désert de la politique. Comme le vent qui soulève les sables, les aspirations humaines sont changeantes et insaisissables.

Le commentaire de l'historien

La tendance romaine aux guerres civiles, surtout sous l'Empire, aurait pu atteindre des proportions gigantesques. En créant le principat, Auguste avait réuni la puissance et les fonctions de diverses magistratures anciennes, mais aucun système n'avait été défini pour assurer la succession des dirigeants au sommet de l'État. Chaque nouveau prince devait justifier son pouvoir à nouveaux frais, et pouvait toujours être soupçonné d'être un usurpateur — tant l'attachement des Romains aux notions de liberté et de république, même de manière purement superficielle, était grand. On vit donc apparaître de très nombreux usurpateurs, soit des hurluberlus avides de sensations fortes, soit psychologiquement dérangés, soit de véritables ambitieux capables d'imposer leurs vues. Sous Tibère, un soi-disant fils de Germanicus fit effectivement son apparition, mais fut arrêté avant de pouvoir étendre son influence; Tacite raconte que: « Vers le même temps, une alarme assez vive, mais qui dura peu, effraya l'Asie et l'Achaïe. Le bruit courut que Drusus, fils de Germanicus, avait été vu aux îles Cyclades, puis sur le continent. Il y parut en effet un jeune homme à peu près de son âge, que quelques affranchis de Tibère feignaient de reconnaître, et qu'ils accompagnaient par ruse. D'autres le suivaient de bonne foi, séduits par l'éclat de son nom et cet amour du merveilleux et de la nouveauté si naturel aux Grecs. Échappé de sa prison, il allait, disait-on, rejoindre les armées de son père et s'emparer de l'Égypte et de la Syrie : et les inventeurs de cette fable y croyaient les premiers. » Mais l'épisode d'imposture le plus extraordinaire, toujours sous Tibère, fut celui de Postumus Agrippa. C'était l'un des petits-fils d'Auguste qui aurait effectivement pu prétendre au trône, et dont l'assassinat avait été l'un des premiers actes de Tibère dès son arrivée au pouvoir. Mais l'un des esclaves de Postumus Agrippa, nommé Clémens, décida de se laisser pousser la barbe et les cheveux pour cacher ses traits qui ressemblaient à peu près à ceux de son ancien maître, et fit répandre par des amis la rumeur que Postumus Agrippa avait échappé à la tentative d'assassinat. Il commença à faire des apparitions dans des villes de l'Empire, sans y rester longtemps ni se montrer trop directement en public. En arrivant à Ostie, il fut reçu par la foule. Tibère ne savait comment réagir, « ne sachant, écrit Tacite, s'il emploierait les armes des soldats pour arrêter l'esclave, ou s'il attendrait que l'illusion se dissipât d'elle-même ». Il finit par le faire arrêter par surprise en pleine nuit, et le fit amener au palais. À la question de l'empereur : « Comment t'es-tu fait passer pour Agrippa ? », l'esclave eut alors cette réponse sublime et qui révèle tout de la nature du régime impérial : « Comme toi tu t'es fait passer pour César. » Tibère, terrorisé de cette menace à sa légitimité, n'osa même pas le châtier publiquement, et le fit tuer dans un coin secret du palais.

On vit se répéter les histoires de ce genre dans la suite de l'histoire impériale. On vit plusieurs faux Néron apparaître après la mort du vrai — on en connaît au moins trois! Mais plus que les imposteurs, qui se faisaient passer pour qui ils n'étaient pas, ce furent les usurpateurs qui eurent du succès; des hommes qui prétendaient avoir le droit de régner en se faisant acclamer Auguste par leurs soldats ou leurs soutiens au Sénat, alors même qu'un autre empereur est en fonction. Presque chaque empereur connut son lot de tentatives d'usurpations, et certaines réussirent, notamment pendant l'année des Quatre Empereurs, à la mort de Néron, ou plus tard celles d'Aurélien ou de Dioclétien. C'était, là encore, le fruit de l'absence de règle de succession: avait le pouvoir celui qui pouvait effectivement le faire respecter, ce qui donnait à la fidélité de l'armée une importance démesurée. Mais, comme l'a fait remarquer Paul Veyne, la peur des guerres civiles fut aussi ce qui tendait à accepter la transmission du trône de père en fils; c'était, à tout prendre, la solution la plus simple et la plus directe pour éviter, autant que possible, un bain de sang à la fin de chaque règne. « En somme, écrit Paul Veyne, l'hérédité du trône n'était pas un principe de droit public, mais une pratique aristocratique admise par l'opinion. »

Il est probable qu'une extension indéfinie de l'Empire n'aurait fait qu'accroître la fragilité d'un tel système; en outre, la faiblesse des moyens de communication rendait plus facile la sécession d'une partie du territoire. Chaque usurpateur tentait de s'approprier une province en cherchant les faveurs des légions qui y étaient stationnées. On peut se demander ce qu'il se serait passé si, précisément, les communications entre les différents points de l'Empire avaient été mieux assurées. À l'heure de la photographie et de la télévision, il est impossible d'imaginer une histoire comme celle de Tibère et du faux Postumus Agrippa, dont l'imposture serait immédiatement démasquée. De même, la légitimité d'un usurpateur serait beaucoup plus difficile à établir, si tous les actes administratifs et législatifs étaient connus en temps réel dans tous les recoins du territoire. Peut-être la centralisation aurait-elle poursuivi son cours — Francis Fukuyama soutient que c'est le destin de toute économie développée — et n'aurait-on jamais assisté à la fracture de l'Empire entre l'Orient et l'Occident. Les forces centripètes auraient alors été si puissantes que l'Empire romain, malgré ses probables et terribles guerres civiles, ne se serait jamais effondré jusqu'à nos jours, et se serait imposé comme le cadre de référence de toute politique, comme un paysage mental qu'il serait impensable de quitter. Alors se serait réalisé le rêve d'Hadrien composé par Marguerite Yourcenar :

> « Aux corps physiques des nations et des races, aux accidents de la géographie et de l'histoire, aux exigences disparates des dieux ou des ancêtres, nous aurions à jamais superposé, mais sans rien détruire, l'unité d'une conduite humaine, l'empirisme d'une expérience sage. Rome se perpétuerait dans la moindre petite ville où des magistrats s'efforcent de vérifier le poids des marchands, de nettoyer et d'éclairer leurs rues, de s'opposer au désordre, à l'incurie, à la peur, à l'injustice, de réinterpréter raisonnablement les lois. Elle ne périrait qu'avec la dernière cité des hommes. »

SPQR

CHRONOLOGIE ALTERNATIVE

56 A.D.	Héron d'Alexandrie découvre la puissance de la vapeur et réalise une démonstration devant Néron.
61 après J.-C.	Les Romains développent le premier moteur à vapeur, qui est utilisé pour faire fonctionner un petit bateau sur le Tibre.
67 après J.-C.	Bataille de Ctésiphon : les Romains écrasent l'Empire parthe grâce à des chars à vapeur.
108 après J.-C.	Les Romains créent la première pompe à vapeur, qui est utilisée pour irriguer les cultures dans les terres fertiles de l'Empire.
126 après J.-C.	Les Romains développent un métier à tisser à vapeur, permettant la production de masse de textiles.
150 après J.-C.	Les Romains créent des usines fonctionnant à la vapeur pour la production industrielle, ce qui entraîne une augmentation rapide de la croissance économique et du développement technologique.

186 après J.-C. Les Romains découvrent l'Amérique.

243 après J.-C. Les Romains découvrent une forme primitive de batterie à Ctésiphon.

300 après J.-C. Marcus Gabinius développe le premier moteur à combustion.

302 après J.-C. Le Colisée est illuminé pour la première fois.

321 après J.-C. Inauguration de la Via Ærea Sulpicia.

324 après J.-C. Lex Aurelia, accordant l'égalité juridique entre les deux époux.

374 après J.-C. Les Romains créent le premier réacteur nucléaire, ouvrant la voie à l'utilisation généralisée de l'électricité.

382-386 après J.-C. Guerre civile mondiale.

385 après J.-C. Premier exemple d'*abacus mechanicus*.

402 après J.-C. Les Romains construisent une fusée spatiale et effectuent des voyages réussis vers la Lune, où ils établissent une colonie lunaire permanente.

410 après J.-C. Les Romains développent des combinaisons spatiales avancées qui leur permettent d'explorer la surface de la Lune plus en détail.

454 après J.-C. Les Romains continuent à faire progresser leur technologie, en développant une robotique et une intelligence artificielle avancées pour les utiliser dans divers domaines.

510 après J.-C. Les Romains créent la première IA consciente d'elle-même, connue sous le nom de « Romulus », qui devient un outil inestimable pour la recherche scientifique et l'exploration.

Direction artistique
et conception graphique : Mélinda Fiant
Prépresse : Arthur Caillard

MIXTE
Papier issu de
sources responsables
FSC® C007507
FSC
www.fsc.org

La pâte à papier utilisée pour la fabrication du papier de cet ouvrage
provient de forêts certifiées et gérées durablement.

Imprimé par GRAPHYCEMS en Espagne
Dépôt légal : mai 2023 - N° d'édition : 0404386-03/novembre 2023